I0751919

# OSKAR BIE
# REISE UM DIE KUNST

# OSKAR BIE

# REISE UM DIE KUNST

ZWEITE AUFLAGE

ERICH REISS VERLAG/BERLIN 1910

DEN UMSCHLAG ZEICHNETE WOLF SCHMIDT
DEN DRUCK FÜHRTE W. DRUGULIN LEIPZIG AUS

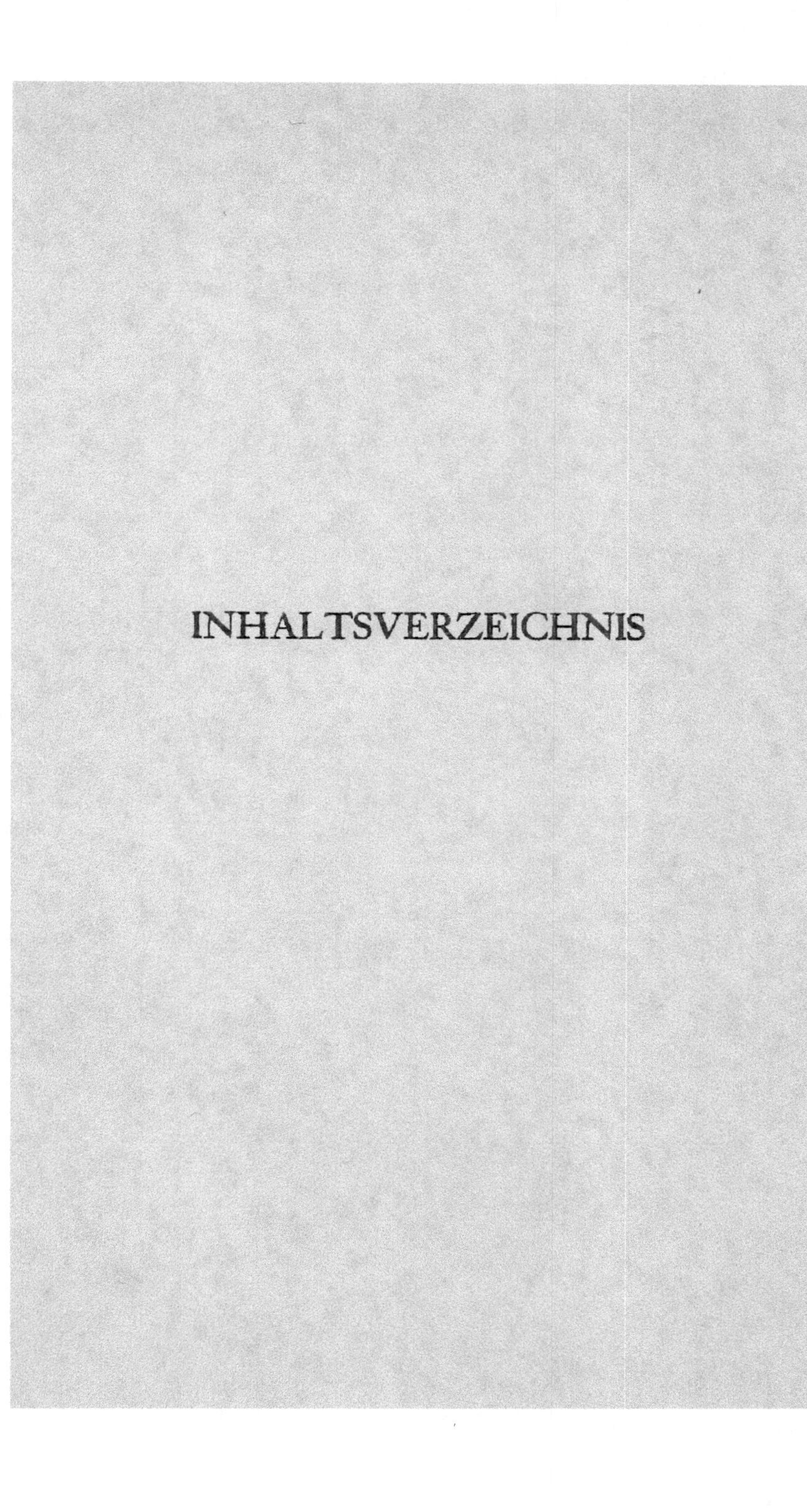

INHALTSVERZEICHNIS

Seite

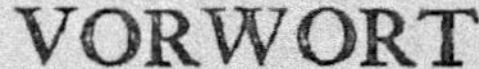
VORWORT

Ich habe in diesem Buch, ganz aus eigner Anregung, aus den von mir etwa in den letzten zehn Jahren geschriebenen Essais eine Auswahl getroffen. Die Essais wurden in verschiedenen Zeitschriften veröffentlicht, und ich dachte damals nicht daran, daß ich sie einst würde sammeln wollen. Jetzt scheint mir diese Sammlung nicht überflüssig. Denn solche Essais werden gleichsam von zwei Seiten aus verfaßt. Einmal sind sie eine schnelle und oft improvisierte Aussprache zu Problemen und Ereignissen der Tage — das andere Mal aber sind sie unbewußte Stationen einer inneren Entwicklung. Diese Entwicklung kann gleichgültig oder sie kann exklusiv sein und darf dann keine allgemeine Geltung beanspruchen. Sie kann aber auch für die Charakteristik der Zeit eine Bedeutung haben, und dann ist die Reihenfolge der persönlichen Arbeit, so sehr sie zufälligen Anregungen entspricht, ein Teil des öffentlichen Interesses. Ich bin so unbescheiden, dies von den vorliegenden Essais zu glauben und darin das Recht zu sehen, sie noch einmal in der Einheit eines Buches zu veröffentlichen. Ja, ich möchte, wenn schon diese Unbescheidenheit sich als eine Entschuldigung des Entschlusses darstellt, ihr auch alle Konsequenzen auferlegen, auf die sie Anspruch zu haben scheint. Ich ließ die Aufsätze im wesentlichen so, wie sie waren, und wenn es sich nicht zeigt, daß sie in ihrer ursprünglichen, in der Atmosphäre der betreffenden Jahre eingehüllten Form als Zeugen von Erkenntnissen und Urteilen ihre Kraft bewahren, so wäre das die einzige Widerlegung, die sie sich gefallen lassen müßten.

Ich bin in jener konsequenten Forderung nach einiger Überlegung so weit gegangen, die Chronologie zu zerstören und nicht nur die Jahreszahlen der Entstehung zu unterdrücken, sondern auch die Folge ihres Erscheinens aufzuheben. Ich habe sie nach einem inneren Zirkel geordnet, der, wenn man die Einheit der persönlichen Auffassung verlangt, unbedingt vorhanden sein und zugrunde gelegt werden muß. Vielleicht ist dies die größte Unbescheidenheit, aber sie ist die notwendigste. Es stoßen in mir Interessen zusammen, denen man oft das Prädikat der Vielseitigkeit gibt, die mir als ein Vorwurf gilt, wenn sie nicht zentral begründet ist. Diese Aufsätze sind nicht vielseitiger, als es die Kunstinteressen unserer Zeit sind, oder, wie ich meine, sein sollten. Die Zusammenhänge musikalischer, architektonischer, literarischer, bildnerischer und nicht zuletzt der Lebensinteressen liegen heut offener als je da, sind mehr als je Programm und Sehnsucht geworden — wer sie spiegelt, darf dadurch eine erhöhte Mitgliedschaft am Kulturleben der Tage beanspruchen. Nach dieser Idee habe ich die Essais zusammengebunden, und es wird dem freundlichen Leser nicht schwer fallen, dieses Auseinanderwachsen, dieses Sichberühren und Fortpflanzen, diesen Kreisschluß, halb mit der ernsten Miene des sozialen Ehrgeizes, halb mit der lächelnden einer gütigen Mitwissenschaft, zu erkennen. Es ist darum eine Reise in meinem Geiste, zu der ich alle einlade, die mit mir fühlen oder diese Gemeinschaft versuchen wollen, die der einzige Grund und Sinn einer solchen Veröffentlichung bleibt.

Oskar Bie

# AESTHETISCHE KULTUR

Der Tempel unserer Ideale liegt auf keiner wüsten Insel, sondern in einem Haine, der gleich den uralten Gärten der Päpste auf dem Vatikan vorn mit einigen zierlichen Blumenparterres und regelmäßigen Stiegen und Terrassen beginnt, um sich allmählich weiter hinten in einen Promenadenwald zu verwandeln mit geschlungenen Wegen, undurchsichtigem Dickicht und verborgen rauschenden Quellen. In ihm wandeln die Beschaulichen in feierlichen Gruppen, wie sie Feuerbach sah, oder im rhythmischen Gang platonischer Erhabenheit. Die Beschaulichen haben das Gebäude ganz oder zeitweise verlassen, gleichviel ob sie jung oder alt sind, sie wollen nur betrachten, lächeln, wissen, sogar ohne nach Eremitenart ihre Weisheit praktisch zu machen. Sie gehen in leichtem Gespräch den weiten langen Gang bis an das Ende des Hügels, wo ein freier Ausblick ist, die Weinberge vor den Augen liegen, die Peterskirche zurückbleibt und von der Stadt nichts mehr zu fühlen ist. Ihr Schritt ist nie geschäftig, selbst wenn sie sich einmal das Vergnügen gönnen, zur Tür des Hauses hereinzublicken.

Im Hause selbst sieht es wie im Parlament aus, sehr amphitheatralisch geordnet, und die Parteien sind unsere Temperamente. Wir sitzen in einem großen Kreis, die Organisatoren, die Denker, die Empfinder mischen sich nach ihrer Stufenordnung. Sie alle prophezeien aus ihrer Natur heraus und haben darum alle Recht, weil es nichts Rechteres gibt, als seine Natur zu entwickeln, diesen schimmernden Schatz ungeordneter Reichtümer. Aber es kommen Zeiten, da die eine Gruppe die Vorhand hat, die andere zurückbleibt, und es ist ein stetes, schönes und unterhaltendes Schwanken zwischen unsern Kräften, den drei großen inneren Sinnen, die uns gegeben sind, dem logischen Sinn, etwas begreifen zu können, dem praktischen Sinn, etwas formen zu können, und dem ästhetischen Sinn, etwas gern haben zu können. Heut liegt das Auge des Schicksals auf diesen Gernhabern, den starken Empfindern und den Handlern, den Organisatoren. Zwischen ihnen wird die Zukunft verhandelt, die bloßen Begreifer beginnen zu schweigen.

Philosophie ist Beruhigung über die großen Zusammenhänge. Wir Empfinder, die wir unser Tagewerk von Kunstgenuß, Kunstschöpfung, Kunsterweiterung, Kunstpropaganda selbst im Traume noch fortsetzen, müssen einmal vor die Frage kommen: was ist diese ästhetische Kultur, die unser

Boden und unsere Heimat ist, die heute in aller Munde lebt und Millionen Hände und Köpfe beschäftigt, was ist sie uns wert, und wenn unser Leben eine Steigerung des Menschen ist, was steigert sie? Sind alle die Popularisierungen der Kunst ein Wahn, vielleicht nur ein vorübergehender Rausch, oder sind sie ein dauernder Besitz? Erziehung zur Kunst ist ein Schlagwort geworden. Man hat die kunstlosen Klassen geradezu in Kunst gezüchtet, hat die Arbeiter durch Volkstheater und vorstädtische Ausstellungen und populäre Vorlesungen mit diesem Präparat reichlich geimpft, man hat nicht einmal die Kinder in Ruhe gelassen, hat ihre alten geliebten Bilderbücher durch Kunstwerke ersetzt, hat ihre ersten Dilettantismen zu einer Offenbarung gestempelt, hat ihren Unterricht von aller Unanschaulichkeit zu befreien versucht, hat sogar Kinderkonzerte geschaffen. Und viele erste Kräfte haben sich an diesem Werk beteiligt, und die zweiten haben sich selbst wieder ästhetisch erzogen, indem von der Nahrung, die sie den Damen, den Arbeitern, den Kindern vorsetzten, reichlich für sie selbst abfiel. Es gibt nun niemanden mehr, den wir nicht zur Kunst erzogen hätten. Alle Menschenklassen und Menschenalter sind durchgenommen. Was heut im Künstlerkopf entspringt, ist morgen Mode. Was Mode ist, wird wohlfeil. Das junge Ehepaar kann sich heut für die Hälfte des Preises künstlerisch einrichten, den es vor zwanzig Jahren für Muschelnußbaum ausgab. Der Beamte kann sich Gravüren der Reichsdruckerei in grünen Rahmen an die Wände hängen und für ein Geringes sich gut gebundene Bücher sammeln. Die Bürgerstochter kann in Vorlesungen, Atelierbesuchen, Skioptikonproduktionen, populären Kammermusiken ihre Zeit wunderbar ausfüllen. Wie vieles scheint erreicht, selbst wenn man weiß, wie vieles nicht erreicht ist.

Dieses Niedersteigen des Geschmacks in unsere Wohnungen, dieses wachgerufene naive, ästhetische Empfinden gehört unter die positivsten Fortschritte, unter die Fortschritte, die nicht aus einem konstruierten Vervollkommnungswege der Menschen bewiesen werden, nicht aus dem grausamen Wechselspiel von Bedürfnissen und Erfindungen herkommen, sondern eine Veredelung sind, eine Erleichterung von Lebensgängen, die uns doch nicht erspart werden. Kultur heißt jene Förderung notwendiger Neuerungen, die in den großen Gesetzen der Umwandlungen beschlossen sind. Niemals können wir diese großen Gesetze ändern, wir können sie begreifen, bewundern, beweisen, aber niemals die Finger in ihre Räder legen. Wir können nur im Kleinen helfen, die Bewegungen, die wir erkannt haben, erleichtern, die Wege ebnen, die Übel scharf ansehn und die Schwächeren an der Hand nehmen. Das können wir stets und wir empfinden viel zu sehr die Wohltat dieser menschlich schönen Kontrolle der großen Maschine, als daß wir nicht wüßten, wie all unser Geist nur in dieser Aufgabe wirksam und erleuchtend wird.

Mit einem sehr gerechten Stolz blicken wir auf diese neue Geschmackskultur zurück, durch keine Skrupel lassen wir uns das Vergnügen rauben, bei einem Sozialismus der Kunst selbst besser auszugehen. Gefühle sind entdeckt, die wir nicht kannten. Wir standen zu ihnen, wie zu den alten langweiligen und gleichgültigen Dingen, die unsere Zimmer füllten und zu denen wir gar kein Verhältnis hatten, nicht einmal ein feindliches. Jetzt sind die Augen aufgegangen, wir rissen die Tapete herunter und schufen uns zuerst einen neuen warmen Hintergrund, der nicht bloß den Kalk deckt, sondern sich darauf freut, mit den dunkeleichenen Schränken und den Karlsruher Lithographien und den japanischen Drucken ein Kammerkonzert zu geben. Die Spiegelsofas mit den Etageren, die Büffets mit den verlogenen Säulen, die so stumpfsinnig sind, sich mit den Türen herumzudrehen, die Stühle mit den Profilen, die keine Empfindung beseelt, und den Ornamenten, die ein gähnender Gewerbeschüler zeichnete, sie werden heruntergeschafft, wir senden ihnen keinen Blick nach, sie stehen frierend auf der Straße, sie ziehen mit dem Möbelwagen irgend wohin, weit in unklare Fernen, von unserer Seele nehmen sie nichts mit. Die ist schon im neuen Leben, bei den ersten aufregenden Versuchen, Stücke, die man liebgewann, noch ehe man sie besaß, zu ordnen, rote Damastdecken vom römischen Campo di Fiore auf alte friesische Truhen zu legen, Perserteppiche mit chinesischen Wandschirmen und

Quattrocentofiguren und Delfter Tellern zu arrangieren, als Ausdruck unserer Wünsche — zu arrangieren, wie wir heut die Geschichte sehn und lieben, nicht als Chronologie, nicht als Deszendenz, nicht als Stil und Schule, sondern als die bunte Werkstatt der Kultur, die bald drüben in Ostasien, bald im kleinen Florenz der ersten Medici, bald in einer Fabrik der winzigsten holländischen Stadt die Kräfte zusammenschießen ließ zu zeitlosen Schönheiten. In dem kleinen Arrangierspiel in unserm Zimmer leuchtet auf einmal ein Geist, den es bisher nicht kannte, ein Kunstwerk entsteht da, wie jedes andere, aus den Instinkten des einzelnen und der Überlieferung langer Kulturen gemischt, ein Kunstwerk, das nie in einem Kodex der Ästhetik Platz gefunden hat und doch so tief und selbständig ist, daß von dem Rausche, der bei seiner Schöpfung niederfuhr, in uns, die wir nicht heut und morgen, nicht hier und da, sondern immer und in allem ästhetisch stark empfinden müssen, ein Glanz zurückbleibt, der alles bestrahlt, was noch in dieser neuen Disposition unserer Lebensrequisiten vor sich gehen wird.

Es geht wieder ein Singen durch das Haus. Wie an lauen Sommerabenden, wenn die Fenster zum Hofe offen stehen und wir aus irgendeinem der Fenster die langsam singende Stimme eines Mädchens hören, das sich ihre gewöhnliche Hausarbeit leicht und lustig zu machen sucht, so ist dies neue Gefühl über uns gekommen, ein schlichtes, volksmäßiges Gefühl, das mit all dem Zurschaustellen und dem kalten Paradeschein früherer Requisiten nichts mehr zu tun hat. Wie der einfachste Mann, lieben wir wieder jedes Bildchen und Väschen, das wir besitzen, weil es ein Stück von uns wurde. Nicht mehr in der Sache, sondern im Verhältnis zu ihr liegt nun der Wert, die Sache kann die wohlfeilste sein, es ändert nichts, das Verhältnis ist ja noch wohlfeiler. Wir singen das Lied von der neuen Wahrheit, die wir gefunden haben, von der Unwiderleglichkeit unserer Empfindung und dem Reichtum unserer Phantasie.

Es ist ein großer Chor von Menschen, die dies heute singen. Philosophen, die sich vom Truge des Objekts befreiten, Dichter, die die Propheten subjektiver Urteile wurden, Theologen, die aus Lebenserstarkung am Dogma zweifelten, Künstler, die die Banalität des Naturalismus früh genug erkannten, Historiker, die die Historie mit einem einzigen Strahl ihrer inneren Erlebnisse beschämten. Es ist eine Phalanx von Empfindern, nicht von schwächlichen Nervösen oder hysterischen Perversen, sondern von Männern, die uns Verlorenes wiedergeben wollen, die uns vor der Nüchternheit des kalten Denkens und leblosen Begreifens retten wollen, indem sie den Weg wieder von innen beginnen lassen. Wo steht geschrieben, daß er von außen beginnen muß, daß wir uns Fabrikschränke, Industrieornamente, Spiegelsofas um den Horizont unserer Subjektivität zu stellen haben? Nein, geschrieben steht, daß wir mit dem Kleinsten glücklich werden, wenn wir es mit Leben düngten, und daß sich Leben lohnt, wenn wir seine Melodie auf dem Rhythmus unserer Empfindung singen. Die Zeit der Philologen und der Naturwissenschaftler deckte sich. Als sie herrschten, galt das empfindungsloseste Begreifen, Rechnen, Aufreihen für den Triumph menschlichen Geistes. Welchen Lebenswert hat es, den Pausanias herauszugeben, zu Horaz Anmerkungen zu machen oder Geschichtstabellen auswendig zu lernen? Ich meine es wirklich: welchen Lebenswert hat es? Wenn der Pausanias unkollationiert bleibt, verliert kein Hund etwas auf dieser Welt. Ein Dichter, der aus einer falschen Stelle des Pausanias eine schöne Phantasie über die Geburt der Tragödie entwickelte, wäre zehnmal mehr wert, als seine sämtlichen Richtigsteller. Welchen Wert hat es, zu wissen, wann irgend ein salischer Kaiser gekrönt wurde? Wozu belasten wir unsern Kopf mit solchen Dingen? Es ist ein Belasten, weil es sich nicht umsetzt, wie etwa die Mathematik, die dem Einfältigen ein guter logischer Zwang, dem Phantasievollen ein Märchenland ist. Wir hassen die Philologen, weil sie uns den Brunnen der Schule vergiftet haben. Senkzweige uralter Kompiletik des 17. Jahrhunderts haben sie unter dem Namen Humanismus zum Baum der Erkenntnis auftreiben wollen. Sie haben vertrocknen und vermodern lassen, was jetzt eine Klasse liebenswerter Menschen in langsamer Arbeit wieder gut machen soll. Wir haben an den Absolutismus der Antike geglaubt, als wir die Schule verließen, sind aus diesem Irrtum Archäologen geworden, sind als Archäologen gereist, bis das Reisen uns wieder gesund machte, haben die Antike verloren und auf dem Umwege von Jahrhunderten wiedergewonnen, ein Werfen, das nicht jede Natur verträgt. Wir haben die sündige zersetzende analytische Kraft der philologischen Kritik anzubeten geglaubt, man hat uns eingeredet, lateinische Dissertationen zu machen, weil die lateinische Sprache logischer sei als die unserer Eltern, wir reckten uns auf vor den Resultaten der Naturwissenschaft, die heute so, morgen so, Pflanzen und Menschen katalogisiert und deduciert und Kategorien der Anschauung für Lösung von „Welträtseln" ausgibt. Was half es uns? Wir mußten wieder durch Begeisterung und Empfindungsfähigkeit hindurch, um rückblickend den Wert der Kritik zu begreifen, ihr Kunstwerk zu sehen, den Sport Rousseauschen beschaulichen Botanisierens zu verstehen, Tatsachenfreude als Flucht zu erkennen. Alles, was uns ward, ward uns durch die Empfindung. Der Empfindung, als wir die Akropolis betraten, als wir Ruskin lasen, als wir den Champ de Mars zum erstenmal besuchten, als wir die Luft der Freien Bühne atmeten, ihr danken wir unser Bestes, sie machte unsere Lebensabschnitte. Was ist dieser ganze, gräßliche „Kampf ums Dasein", den uns die Naturwissenschaft vorführt, gegen eine einzige süße Stunde, da wir irgendeine

Kleinigkeit dieser Welt, den Blick eines Kindes, die Dämmerung eines einsamen Abends, den Klang einer tiefkolorierten Altstimme, wirklich einmal unbescholten gern hatten und das Blut rollen fühlten? Es gibt ein Gewissen des Bluts, das uns genau die Augenblicke bezeichnet, in denen wir Menschen sind.

Die Krankheit, von der uns die wachsende, ästhetische Kultur heilen soll, heißt das Wissen, das trockene, mechanische, leblose, sezierende, sondierende, tatsächliche Wissen. Das Wissen hat uns auf dem Wege der Philologie hundert Brunnen vergiftet, den der Natur, wie der alten Dichter, wie der Sprache, wie der Geschichte, ja beinahe den der Zukunft. Wie konnten wir Geschichte und Natur lieben, wenn wir nicht erzogen worden wären, sie gar nicht oder ganz erschrecklich objektiv aufzunehmen! Erinnert man sich der trüben Gasflammen, unter denen Cäsar und Hannibal mumifiziert und die Naturgeschichte verschlafen wurde, und wie dann plötzlich durch ein inneres Erleuchten der Mensch in Hannibal, das Drama in Cäsar, der Triumph in der Renaissance, die Seele in der Romantik von uns entdeckt wurde? Von einem unfruchtbaren Feld waren wir auf einmal in ein fruchtbares gekommen mit wirklich unbegrenztem Horizonte. Das tote Wissen gilt uns nun nichts mehr, nur die Liebe gilt, mit der wir das Objekt umfassen, das Wissen wurde mehr als gleichgültig, es wurde der Feind.

Ich denke mir manchmal mit einer geradezu Ellen Keyschen Zukunftsfreudigkeit, wie viel glücklicher unsere Jugend gewesen wäre, wenn wir durch Bilder, statt durch Bücher zu den Römern geführt worden wären, wenn wir gesungen, spazieren gegangen, gesehen und gelebt hätten, statt Tabellen zu trichtern. Ist es denn so ketzerisch, sich zu denken, daß die Kunst wirklich als Erziehungsmittel die Grammatik und Geschichte ersetzen könnte, in ganz großem Stile, so wie die Religion, ursprünglich ein Idealismus erster Geister, dann zu einer Erziehungsform umgewandelt, popularisiert wurde? Was würde es uns schaden mit Plutarch die großen Männer lieben zu lernen, statt Ciceros Tusculanen zu lesen? Wir würden frisch und phantasievoll in der Liebe werden, wie es Pietro Bembo ist am schönen Schlusse des Castiglioneschen Cortegiano und wie es die Akademiker von Florenz waren. Sie wußten weniger von der Antike, als daß sie sie liebten, und schufen aus einem Mißverständnis die große moderne Oper. Sie dachten, die Antike wäre farblos, und sie schufen aus mißverständlicher Liebe die große, moderne, weiße Plastik. Was gilt dies Mißverständnis? Sie schufen!

Nur verwechseln wir das Mittel nicht mit dem Zwecke. Der Gedanke wäre entsetzlich, die Menschen zur Kunst erziehen zu wollen, statt mit der Kunst. Dieser Fehler wird gemacht, man glaubt ihm zuerst, dann widerlegt man ihn und so streitet man sich um eine Illusion. Wer wird zur Kunst erziehen wollen? Soll es noch mehr Wunderkinder, unglückliche Dilettanten und verschrobene Tischlergesellen geben, die aus Bastelsucht ihr Leben mit einer undisziplinierten Kunst zubringen? Sollen Kinder Erwachsene werden? Nein, Erwachsene sollen Kinder werden, naiver in ihrer Genußfähigkeit und gläubiger in ihrer Phantasie.

Man mache sich klar, was dieses Wort „Kunst" eigentlich für ein Wechselbalg ist. Es bezeichnete zunächst nichts als die τέχνῃ, das Machenkönnen. Die Alten habens nie anders verstanden, die Künstler blieben ihnen Pinseler und Steinmetzen und nur in der Wirkung sahen sie das Göttliche. Erst die spätesten Philosophen achteten darauf, daß das Göttliche schon innen ruhen muß, wenn es außen wirkt. Langsam rückt nun der Begriff „Kunst" vom Technischen ins Geistige. Da das Machenkönnen von Kunstwerken durch eine starke Intuition gefördert, meist sogar erst in Szene gesetzt wird, so gewöhnt man sich daran, schon in der Empfindung etwas Künstlerisches zu sehen, womit gleichzeitig die Kunst selbst immer psychologischer wird. Die bloße Handwerklichkeit bleibt als Routine und weniger geschätzt beiseite. Das, was ursprünglich allein beachtet wurde, die technische Fähigkeit, das existierende Werk ist nun nur noch ein Mittel, um beim Autor Kunst zu finden, beim Empfänger Kunst zu erregen, um Zeuge und Anreger von Genuß zu sein.

Wir können heut das Wort Kunst streichen,

wenn wir es nicht einfach mit Genuß gleichsetzen wollen. Es geht nicht mehr anders. In dem ersten Gernhaben irgendeines Vorgangs oder einer Erscheinung liegt bereits der Keim zur Kunst. In der Lustempfindung, mit der wir Zupassendes lieben, in dem Unlustgefühl, mit dem wir Nichtgenehmes abstoßen, liegt die Form unseres künstlerischen Temperaments. Darüber hinaus gibt es keine Entscheidung. Von da an aber einen Riesenweg von Genüssen, Produktionen, Reproduktionen, der durch das ganze Reich der ästhetischen Kultur geht, mit sichtbarer oder unsichtbarer Kunst, mit empfundener oder nachempfundener Schönheit, mit nur gefühltem oder in Wirklichkeit umgesetztem Inhalt — eine Welt von gepflegten Lustgefühlen, in der das reale Kunstwerk nur ein Leitungsdraht scheint.

Ich gehe in die Landschaft und empfinde die Farbe der braunen Stämme in der blauen Märzluft als Reiz. Es kann mir genügen, diesen Reiz in mir zu fühlen, aber er kann auch so stark werden, daß ich ihn umsetzen muß in etwas Wirklich-Bestehendes, wie die Natur Sichtbares, und ich male violette Stämme. Je schärfer ich sie innen sehe, desto überzeugender werde ich sie außen hinsetzen. Ich gehe den nächsten Tag wieder hinaus, finde einen neuen Reiz, steigere wieder diese Empfindung bis zur Schaffenslust, male eine zweite Landschaft. Eine dritte, zehnte, hundertste, durch Jahre hindurch, von Monat zu Monat freier, das ist innerlich bestimmter. Nun tritt eine neue Epoche ein. Wie das viele Empfinden zur Produktion führte, so führt das viele Produzieren zum Wirkenwollen. Wie das starke Empfinden starke Bilder schuf, schafft das starke Schaffen den Wunsch nach Individualitätssieg, nach Überredung, nach Resonanz. Ich finde endlich die Resonanz und meine Werke fließen in die Allgemeinheit ein. Ein Dichter sieht sie und reproduziert sie bewußt, unbewußt in seinen Werken, die wieder die Vorwerke anderer sind. Ein Maler sieht sie und nimmt die angesammelte Kultur ihrer Schönheit so bewußt oder unbewußt in seine Werke auf, wie ich es wohl einst tat, als ich in meinem ersten Bild alle, die ich bisher gesehn, mitsprechen lassen mußte. Ein Spaziergänger sieht sie, er nimmt ihren schärferen Ausdruck in seine schwächere Persönlichkeit auf, seine Augen richten sich danach, er sieht jetzt die blauen und roten Farben der Stämme, er kombiniert diese Reize mit Millionen anderen, die er auf dieselbe Art von allen bisher genossenen Kunstwerken empfand, eine Nebensache kann bei ihm die stärksten schlummernden Gefühle wecken, ja ein falscher Schluß ihn glücklich machen, aber er bleibt bei dieser — noch so verfeinerten Empfindung stehen, er muß nicht produzieren, er muß nicht wirken.

Die Kette vom Genuß zu Genuß habe ich leicht hingelegt, denn wenn wir abstrahieren, glätten wir die Dinge und projizieren ihre Unebenheiten in eine schöne Fläche. Die Wahrheit ist nicht so kosend. In Wahrheit ist diese Kette vom Genuß über das Schaffen zum Wirken schütternd von Erregung, rot von Blut. Die Reize spitzen die Nerven, das Schaffen zerstört das Gleichgewicht, das Wirken beschämt tausend Hoffnungen. Mißverständnisse bringen Erfolge, edle Säfte fließen in Abgründe, der Neid verschiebt Persönlichkeiten und niemand kann einen Schritt zurück. Unter schweren Geißelhieben wird diese Arbeit verrichtet und der Glaube wird verlacht, wenn er ausgenutzt ist, der Rausch verflucht, wenn er der Ironie des Schicksals gedient hat. Die Ungläubigen stecken ihren Witz auf, aus der Lust, Geschaffnes zu sehn, reizen sie sich; aus der Lust, Wirkung zu üben, buhlen sie um Wirksamkeit im Schaffen. Auf einige Jahre scheinen diese Alberiche voraus zu sein, da keuchen schon hinter ihnen Rächerstimmen und sterbend sinkt ein Edler am Ziel hin. Aber wir fliegen auf, die Stimmen verhallen, die Bewegung scheint ruhiger, scheint bewußter zu werden — von oben sehen wir nicht das Los des einzelnen, wir sehen nur die Richtung dieser gewaltigen, zwingenden, unhaltbaren Kraft, der Erhöhung des Genusses. Die Menschen arbeiten in jener Kette von Leiden an der Erhöhung des Genusses, von Jahr zu Jahr vielfältiger, wechselseitiger, verschlungener, ein Schauspiel, selbst um so grandioser, um je grandiosere Güter in ihm gestritten wird.

Ein neues Reich tut sich auf. Was einst die Religion besorgte, soll nun wirklich die Kunst vermitteln, die Auseinandersetzung des einzelnen mit dem Gesetz. Die Religion gab den einzelnen auf, die Kunst gibt ihm im Gegenteil das Bestimmungsrecht. Um ihm das Bestimmungsrecht zu geben, mußte vorher die Welt objektiviert werden. Der Weg ging von der Religion über das Wissen zur Kunst. Wer ging diesen Weg unter uns und wer wurde darum ein innerer Führer? Nietzsche ging von der Religion über das Wissen zur Kunst und darum wird sein Name in aller Munde geführt. Sein Leben ist ein Abbild der Gegenwart und der Zukunft. Pastoren, Philologen und Propheten ästhetischer Empfindung wechseln sich auf der Bühne seiner Seele ab. Wir gehen hinein in das Reich subjektiver Rausch-Ästhetik, der wahren Ästhetik, wie sie Nietzsche fühlte, wir werden zusehends dionysischer, wobei Dionysos immer noch ein Gott und immer noch ein Stück Altertumskunde bleibt, nur von uns aus gesehen. Nicht Nietzsches Inhalt wird bleiben, sondern seine Form. Sein Recht auf den feinsten und baumeisterlichsten Menschen. Seine Umwertung des Objektes ins Subjekt.

Das Kunstwerk hat seine Mission gefunden. Es löst die schlummernde Genußfähigkeit, die unentwickelte Empfindung und gibt eine Möglichkeit, durch einen neuen Glauben über die Widersprüche hinwegzukommen, indem wir nicht mehr uns in die Welt, sondern die Welt in uns eingehn lassen. Das Kunstwerk, in der edelsten Stunde eines schöpferischen Menschen geboren, scheint eine zweite Bestimmung zu erhalten, Gesetze der Schönheit zu verbreiten, Feinheiten der Stimmung zu verallgemeinern. Neben der ersten Natur wird es eine zweite Natur, mit Menschenblut gedüngt, und darum unmittelbarer. Alle großen Taten, alle inneren Befreiungen, alle tiefe Religiositäten wirken in ihm mit und predigen durch seinen Mund und, wenn nur eine Silbe von Idealität ins allgemeine Bewußtsein fließt, so ist schon ein Engel wieder gewonnen. Wenn die sanfte Schönheit eines gedämpften Streicherchors durch den vollen Saal tönt, in tiefer Ruhe, minutenlang gleichmäßig und süß verschwebend, so lösen sich zwei oder drei Herzen im Traume einer unnennbaren Glückseligkeit und sie bleiben auserwählt. Was klingt aus dieser Musik, aus diesem Drama, diesen Landschaften? Der alte und unzerstörbare Wunsch zur Idealität, über alles Handeln, alles Begreifen hinweg zu jener in sich gebetteten Empfindung von Rhythmus und höherer Reinheit zu gelangen, die uns heimzuführen scheint. Vielleicht bleibt uns ein Schimmer von ästhetischer Gesinnung zurück und hilft uns Dunkelheiten zu beleuchten, vielleicht lernen wir, das Leben in seinen Mischungen etwas mehr als ein Schauspiel, von uns selbst gedichtet, zu sehen und das Glück wie das Unglück als unser Werk zu nehmen, vielleicht werden wir ein klein wenig mehr Künstler und balanzieren sicherer, weil wir den Schwerpunkt in uns fühlen. Wir müssen trachten, der Kunst die Schönheit des Lebens zu verdanken,

Gefahren sind hier dieselben wie im Schaffen der produktiven Künstler. Ich nannte die Verschiebungen der Mittel und Zwecke: den Künstler, der sich reizt, um zu schaffen, statt daß er schafft, weil er den Reiz fühlt, und den, der schafft, um zu wirken, statt daß er wirkt, weil er des Schaffens voll ist. Die dritte Verschiebung liegt auf der Seite des Genießenden: es sind die schiefen Veranlagungen, die sich ästhetisch gereizt stellen und die Kunst dieser Lüge wegen aufsuchen, statt daß die Kunst von selbst und ohne Heuchelei den Empfinder in ihnen weckt. Es sind die Ästhetizisten, die Schöngeister, die überall auftauchen, wo ästhetische Kultur herrscht, wo romantische Feinfühligkeit sich verbreitet und künstlerische Religion gepredigt wird. Die Kunst nimmt an ihnen eine furchtbare Rache. Denn weil sie schon ohne Gleichgewicht ihren Schöpfungen gegenüberstehen, verlieren sie dieses ganz, wenn sich der Lebenswert ihrer ästhetischen Schule zeigen soll. Hier gelangt man nur weiter mit der peinlichsten inneren Ehrlichkeit. Ja sogar, wenn ich sagen soll, aus welchen Dramen, Symphonien, Bildern ich am sichersten etwas für die Ruhe des Lebens mitnahm, so waren es, selbst in der Wiederholung, meist solche, bei denen ich es nicht erwartet hatte, also auch nicht bestellen konnte.

Ich muß an dieser Stelle über den Begriff Alexandrinismus reden. Es ist eines der mißverständlichsten Worte, die es gibt. Schon um das arme Alexandria tut es mir leid. Der Hellenismus war eine so gewaltige Kulturmission, eine durchaus eigene Form des Geistes und der Ökonomie, die die Despotie des alten Asien mit dem Inhalt Europas erfüllte, worauf das Imperium, das Christentum, der Sozialismus basierte — etwas Spätgebornes, Dekadentes ist das wahrlich nicht. Ihre gelehrten Dichter und dichtenden Gelehrten waren eine sehr fruchtbare Menschenklasse, Epigonen ja, aber nicht Dekadenten. Es gibt keine andere Dekadenz, als jenes Mißverhältnis von Mittel und Zweck, das wir immer wieder brandmarken. Mittel nehmen für Zweck ist die einzige Sünde. Jede Wirkung rächt sich, die nicht ihren zureichenden Grund hat. Dies ist Verfall, dies Krankheit; die Heuchelei ist tötlich. Aber was ist sonst Alexandrinismus? Sind wir Alexandriner, wenn wir eine ästhetische Kultur predigen? Nicht einmal Epigonen sind wir. Jede neue Phase wird der vorhergehenden Generation gefährlich, geklügelt, geheuchelt erscheinen. Aber die vorhergehende Generation hat nie Recht. Wo ist ein Ende, wo eine Grenze? Meine ackerbautreibenden Vorfahren hätten mich sicher für einen Dekadenten erklärt, daß ich in einer Millionenstadt an einem Novemberabend über den Wert höherer Empfindungsfähigkeit schreibe. Ich bin nur in sehr trüben Stunden ihrer Meinung. Und wenn man will, kann man so trivial sein, die stolzeste Eigenschaft des Menschen, das Selbstbewußtsein, als Dekadenz gegen das Tier zu beweisen, kann man jeden Schritt weiter, jede Verfeinerung und Vergeistigung als Alexandrinismus höhnen. Was sich lebensfähig erweist, ist nie Dekadenz. Man hat Mozart, Wagner, Strauß jedesmal mit denselben Worten vorgeworfen, daß sie zuviel Noten machen. Heut klingt mir Wagner oft schon mozartsch. Was ist das alles für Spielerei? Seht, wo Funken sprühen und der Geist sich regt, das ist Kultur; und wo Grimassen sind, das ist Dekadenz. Es ist unheimlich, wieviel Geist wir schadlos uns inkorporieren können. Was wird, liegt ja in unserer Hand. Es ist nicht wahr, daß nur im Handeln und Denken die Gesundheit ist, ohne Empfindung wären dieses zwei Leichname. Die Empfindung, das brüderliche Gefühl zur Welt, der Genuß am Wahrnehmen und Schaffen ist die Gesundheit, ist die Seele, das andere sind nur zwei Arme. Die gesteigerte Kunst wird den Genuß steigern, die Empfindung erhöhen, die Urkraft heraufbringen, und lebensfähiger machen, so wahr, als Genuß nicht Genüßlichkeit ist.

Wenn wir das Kunstwerk zu einem Erziehungsmittel machen, wenn wir die energetische Kraft des Genusses betonen, so tun wir ja nichts anderes, als das Seil weiterspinnen, das die Vorfahren unserer Kultur in unsere Hand legten. Einst haben sich die Menschen tausend Jahre ohne merkliche Kunstkultur begnügen können, sie sahen ornamental und nicht inhaltlich, weder die Musik noch Dichtung noch Malerei bringt tausend Jahre lang etwas inhaltlich Neues. Es ging auch so, ihr Idealitätsbedürfnis war ganz vom Religiösen erfüllt, darin waren sie glücklich. Man wurde aber weltlicher und brauchte eine neue Quelle des Idealismus. Jetzt gibt es auf einmal etwas, was ein Jahrtausend lang nicht existiert hatte: Kunstgeschichte. Aber wie man Jahrhunderte nötig hatte, eine religiöse Lehre zu bilden, so wird auch die Kunst an einer Krippe geboren, unbeachtet, eine Privatangelegenheit, Bestellung und Stiftung, und ganz langsam erst wird sie öffentliche Angelegenheit. Heut steht in der kleinen Kapelle des Palazzo Riccardi zu Florenz, wo Gozzoli seine holdseligen Dreikönigswunder malte, ein Beamter der italienischen Regierung mit einer großen elektrischen Blendlaterne, weil es so finster ist, daß man das nur künstlich sehen kann, was uns mehr entzückt, als alle robusten Dekorationen der Farnesina und Borgiagemächer. Aus finsteren Winkeln holen wir uns die ersten Ahnungen jenes heiligen Wahns, den wir heut Kunst nennen. Die Medici schrieben ihre Ordres aus, sie schätzten und diskutierten Kunst, aber Eitelkeit war das Motiv. Was von wahrer Kunst dabei unterlief, war gern geduldet, doch hieß es in der Hauptsache, Wände bemalen, Porträts anbringen, Pracht des Besitzes zeigen. Wir wandeln heut wie die drei Könige zum Stern im Quattrocento, in der Krippe finden wir das Knäblein der Kunst. Porträtbüsten, Friese, Statuetten, strenge Profile der fürstlichen Damen, Botticellische Frühlingskinder, Lippische Madonnen, Castagnosche Apostel und die weichen Reliefmedaillons des Rossellino — mit der Blendlaterne gehen wir umher und suchen sie. Was einst Schmuck und Auftrag war, oft an verborgenen, unansehnlichen Plätzen aufbewahrt, ward uns nun inneres Dasein, Lebenswert, Lebenserhöhung. Was die Medici und die Würdenträger bestellten, ist ein Stück unseres Heils geworden. Es gehört uns, gehört uns mehr, als all der geistig hohe, künstlerisch kühle Inhalt sämtlicher Stanzen Raffaels. Wir sind bescheiden geworden, als wir zum Kindlein traten. Im Drange, die Kunst zu sozialisieren, entfernten wir die Aristokratie des Cinquecento von uns, wir lernten die Niederlande lieben, wo unsere Liebhabereien geboren wurden, wo langsam in der Bürgerlichkeit, der Industrie, den Ausstellungen Beziehungen geknüpft werden zwischen Kunst und Leben, bis wir endlich uns reif fühlten, unsere Kunst und unser Leben ganz innig miteinander zu verschmelzen. Einst glaubte das Publikum an die Kunst, wie es an Gott glaubte, es nahm sie hin. Wir sind erwachsener geworden. Wir stellen uns zu ihr und fragen sie, ob sie Freund oder Feind sein will, dann machen wir Blutsbrüderschaft. Tot ist das Gemälde alter und neuer Zeit, das nicht in uns selbst auferstand; tot ist jeder Ton und jedes Wort, das nicht ein Zeuge von Empfindung ist. Dies ist der große Wechsel, dies die wunderbarste Vervollkommnung. Nun ist die Kunst, die als ein unschuldiges Kind in die gotische Welt eintrat, reif zur Mission. Der Leidensweg liegt hinter ihr.

Ja, ihre Leiden werden geringer werden. Wird

das Kunstwerk, einst der Besitz weniger, heut ein öffentliches Kulturmittel, so mag zunächst die Kunst selbst, diejenige hohe Kunst, zu der niemand erzogen werden kann, feiner und immer geistiger werden. Es ist die natürliche Reaktion auf die Popularisierung. Aber dort, wo dann diese feine Werkstatt der noch unzerkleinerten, noch in keinen Kurs gesetzten Kunst ist, dort, wo dann die edelsten Schöpfer in der Keuschheit ihrer Persönlichkeit beharren, dort braucht keine Angst mehr zu sein um endgültige Vereinsamung, um Not und Untergang, nur um das Buhlen der Menge. Schuberts und Kleists und Kellers Schicksal ist heut schon ausgeschlossen. Es bedarf nur kleiner Geduld, und es macht heut Jeder von sich reden, nur durch seine Kunst, auch ohne die geringste äußere Nachhilfe. Ja, zweifellos sucht man schon mehr Kunst, als man findet. Und fast noch zu Lebzeiten wird nach Gutem und Schlechtem die letzte Rechnung der Gerechtigkeit über dem Künstler vollzogen. Die Kunst wird stürmisch vom Leben begehrt. Noch überwiegen die Vorteile ihrer Öffentlichkeit die Schäden. Was sie an dauernder Isoliertheit verlor, gewann sie an Kulturkraft. Und, was sie an Lebenserhöhung dem Genießenden vermitteln will, davon strahlt nun auch, so gut es in dieser Welt geht, etwas mehr Heiterkeit auf die einsamen Stunden ihres Schaffens zurück. Wünschen wir: nicht zu viel, damit sie in Schmerzen gebäre.

# UEBER DEN GENUSS ALTER KUNST

Ich glaube, daß man drei Standpunkte unterscheiden kann, von denen wir Stellung zur alten Kunst, zu Kunstwerken vergangener Epochen nehmen. Der eine ist der der Kuriosität, der zweite der der Historie, der dritte der des Geschmacks.

Die Kuriosität ist das Ziel des Sammlers von reinstem Wasser. Er geht nur nach der Seltenheit, gleichviel ob der Gegenstand historisch von Bedeutung oder künstlerisch für uns ergiebig ist. Das Gefühl des Besitzes gibt den Ausschlag, des Besitzes von Dingen, die nicht viel andere besitzen können, weil es nicht viel Exemplare davon gibt. Es ist ein rein materielles Interesse, ein Reliquiendienst. Ein Stück altes Holz mit der echten Künstlerinschrift des Hubert van Eyck wäre für diese Gattung Sammler genügend, um sie in Rausch zu versetzen. Eine große Zehe, von Lionardo da Vinci gezeichnet, würde sie überglücklich machen. Von dieser Klasse ist aber nicht viel zu halten. Es ist etwas Amerikanisches darin, ein rohes Besitzgefühl, ein geistloser Materialismus, wie ihn Autographensammler, Korkenziehersammler und Besitzer von wohl assortierten Flohkollektionen haben. Er wäre nicht so geistlos, wenn er sich ironischer gebärdete. Aber in den meisten Fällen ist er nur die Kultur eines der rohesten Menscheninstinkte, und zwar weil sich nichts anderes zur Kultur vorfand.

Die zweite Gruppe, die Historiker, haben wenigstens den Geist eingesetzt. Sie interessieren sich für die Entwicklung von alten Künstlern, ihre gegenseitigen Einflüsse, ihren Zusammenhang mit den Ideen der Zeit und nehmen alte Malerei und Skulptur für das Zeugnis ihrer Epoche. Es ist nötig, daß sie an Objektivität glauben. Sie müssen der Ansicht sein, daß es möglich ist, die Kultur einer vergangenen Zeit ohne jede eigene Zutat wiederherzustellen und den Gang der Kunst lückenlos als ein Rad in diese Maschine einzusetzen. Da dieser Glaube heutzutage nicht mehr sehr stark ist, beginnt diese Gruppe zusammenzuschwinden und diejenigen, die von einem persönlichen Geschmacke aus auch alte Kunst ansehen, erweitern ihren Einfluß.

Man kann sich über diese Dinge ganz ruhig klar werden. Gibt es eine Wahrheit in der Geschichte und einen Mechanismus der Kunst? Wir wissen, daß keiner von uns den Spiegel alter Zeit betrachten kann, ohne sich selbst darin zu sehen, und daß alle Freude über mechanische Rechenexempel in sich zusammenfällt, wenn die tägliche Erfahrung beweist, daß die Philologen oft gründlich korrigiert werden müssen. Denken wir, was von der Morellischen Schule, die die Philologie in der Kunstgeschichte darstellt, übrig geblieben ist. Die Hälfte seiner Behauptungen und Vergleiche wankt, und für die andere Hälfte fürchten wir. Wir grinsen, wenn aus der Gleichheit zweier Hände auf zwei Bildern derselbe Meister gefolgert wird. Wir denken an die hundert Schnippchen, die der gelehrten Kunstgeschichte aus alten Ateliers geschlagen werden. Goya nasführte die Forscher des Impressionismus, Fragonard die der Hellmalerei und Menzel die des Japonismus. Und mit Menzels Eisenwalzwerk entstanden gleichzeitig Trübners Landschaften und Bendemanns Juden. Durch solche Vorkommnisse werden wir der alten Geschichte gegenüber ängstlich, ohne sie doch ganz lassen zu können. Wir möchten die Gelehrten arbeiten sehen, aber nur auf ganz sicheren Feldern, und dann möchten wir ihnen die Früchte wegnehmen, um uns unsern Tisch zu decken. Die Gelehrten sind unsere Vorarbeiter geworden, unsere Gärtner. Wenn wir die beschauliche Mühe ihres Fleißes noch so sehr schätzen, sie ernten doch nicht, sie verlassen das Feld vor dem Herbst und wir stehen dann auf ihrem Werke und lassen die bunten Ketten unserer Phantasie fliegen.

Ich weiß noch, als ich die erste wirkliche Antike sah. Ich mußte sie berühren, ich strich mit dem Finger wieder und wieder darüber und sagte: dies hat also ein Grieche auch angefühlt. Das war eine Empfindung, stärker als die ganze Kunstgeschichte, die ich zum Examen lernte. Es war eine persönliche Aussprache. In dieser Sekunde wurden zehn goldene Brücken geschlagen. Und nie habe ich später zu einer Antike ein Verhältnis gewinnen können, ohne sie so zu berühren, jetzt nicht mehr körperlich, sondern geistig. Ich war den Historikern dankbar. Sie sagten mir, wie es mit der Kunst im sechsten, und im fünften, und im vierten Jahrhundert stand. Dankbar für dies Material. Denn jetzt konnte ich auf sicherem Boden das historische Gefühl spielen lassen, Entwicklungen in Erlebnisse umsetzen, Silhouetten zu Menschen machen, verschollene Werke im Geiste wieder aufbauen, die Verwandlungen von Motiven zu kleinen geistigen Dramen zuspitzen, ja ich konnte mit der Geschichte bis in die unmerklichsten seelischen Wellengänge nachempfinden und Kultur der Zeiten so träumen, als ob ich sie leibhaftig sähe. Ich hatte meine alte Kunst.

Man kann keinen Gelehrten auffordern, Künstler zu werden, und nicht umgekehrt. Die Arbeit ist verteilt. Die Gelehrten der Kunst brauchen viel Zeit auf rein sportliche Dinge, wenn sie die Cranachfamilien genealogisieren oder nach den Quellen der van Eyck forschen oder den Meistern von üblichen Madonnenreliefs. Aber sie arbeiten doch auch genug für die Umsetzung der alten Kunst in moderne Lebenswerte. Man denke, welche Goldfülle in Bodes Quattrocentostudien liegt, welche Freiheit des Geistes in Neumanns Rembrandtbuch sich hervorwagte und wie subtil auch unser Empfindungsvermögen wird, wenn wir es stilkritisch üben und die Farben der Zeitalter scharf ins Auge fassen. Wissenschaft ist eine unentbehrliche Exposition für den Genuß des Alten.

Jetzt ist der Augenblick gekommen, da wir für das Museum reif sind. Wir lassen diejenige Gelehrsamkeit zu Hause, die selbst nur Hausarbeit ist: das Vergleichen der kleinen Meister, das Konstatieren möglicher Einflüsse, die Geburts- und Todeszahlen, alle Zahlen und Ziffern zählbarer und in ihrer Logik irreführender Wahrheiten. Schämt euch nicht. Ihr braucht nichts zu wissen, als was ihr fühlt. Es genügt, wenn der unauslöschliche Begriff „Werden" in eurem Kopfe spielt. Vergesset nicht, wie viele Werden es gibt. Die Gelehrten haben eines oder zwei gefunden. Ihr könnt zehn und hundert finden, wenn ihr statt der Leine der ewig schulmäßigen Akademie eurem eignen spielenden Geiste folgt, der in jedem Menschen neue Wege führt. Was ihr nicht wißt, habt ihr nicht verloren. Aber die Ehrlichkeit würdet ihr verlieren, wenn ihr euch selbst vergeßt. Wer vor die Madonna della Sedia tritt und gegen seine Empfindung in begeisterte Laute ausbricht, ist der Hölle näher, als ein ehrlicher Mann, der gähnend durch den Pitti geht.

Man kann die Stufen dieser Art von Kunstgenuß sehr gut an sich selbst beobachten. Das erste ist das volle Auskosten des historischen Gefühls. Wir stürzen uns in den Kontrast der Kulturen, wie in den Ozean. Bei den Niederländern und Deutschen sind wir intim, bei den Italienern formal, bei den Spaniern pathetisch, bei van Dyck und Holbein geben wir uns eine weltmännische Attitüde, bei Dürer spitzen wir die Augen, bei Rubens erweitern wir sie, kurz, wir ziehen ein Kostüm an je nach dem Lande oder dem Malerfürsten, den wir besuchen. Um Paolo Veronese bauen wir venetianische Pracht, um Rembrandt das Gerümpel malerischer Atelierrequisiten, um Velasquez die kalte Majestät grauer Hallen. In diesem Stadium denken wir bei den Bildern meist an etwas anderes aus ihrer Umgebung. Wir arbeiten associativ. Um Pisanello zu lieben, nehmen wir an einer Jagd teil, um Michelangelo zu verstehen, lesen wir seine Gedichte, um Raffael zu würdigen, vergleichen wir die Theorien gelehrter Stände. Wir sind mit einer maßlosen Gerechtigkeit angefüllt. Wir können heute Linien sehen, morgen Farben, übermorgen Kompositionen. Jeder Tag der Woche ist ein neuer Schöpfungstag. Wir staunen das Wunder dieser verschiedenen Welten an und besitzen die Unpersönlichkeit, für jede ein gutes Wort zu haben, ein kühles, geistiges für das Cinquecento und ein heißes, aufrauschendes für Murillo, ein lächelndes für Watteau und ein strenges für Cranach. Wir sind vollendete Kulturhistoriker der ganzen Erde. Eine Linie den Raffaelschen Madonnen entlang zu ziehen macht uns dasselbe Vergnügen wie Rembrandtsche Schatten nach ihren Halbtönen zu durchsuchen. Zuerst kühl wie Proteus, schaukeln wir uns bald mit Wohlbehagen in dieser weiten, wandelnden Welt, wir besänftigen den Akademismus mit Farbenschönheit und den Impressionismus mit einem Stück Verrocchio. So lernen wir — nicht die Objektivität, aber doch wenigstens ihren Genuß.

Bis uns eines Tages das Schauspiel der Geschichte zu einem stärkeren Erlebnis wird. Wir haben gelernt, die Kulturperioden auszufüllen, aber auch zu streichen, um eine neue nicht auf Kosten der anderen zu verkleinern. Wir können jetzt die Vergangenheit entleeren, wir können voraussetzungslos werden, um den Eintritt neuer Gestirne zu bewundern. Wir streichen alles, was die Niederlande später geschaffen haben, um uns vor dem Genter Altar zu überlegen, was damals noch nicht da war und was für ein Wunder geschah. Wir entdecken mit den Genies die neuen Welten, mit den Völkern und mit den einzelnen. Wir bleiben ganz an diesem süßen Gefühl hängen: der Meister hat es zuerst gesehen. Welche tiefe Wonne, alle Kunst des Lichtes und der Schatten zu vergessen und mit Rembrandt sie zu entdecken. Welche Lust, alle Virtuosität auszustreichen und mit Rubens zum erstenmal den Pinsel sprechen zu lassen, den furiosen Strich der Hand, der menschlichen Hand, in Landschaft, Tanz, Krieg und majestätischer Allegorie. Wir finden mit Velasquez die Luft und mit Goya die Impression, mit Desiderio die realistische Dekoration und mit

Ghiberti die Eleganz räumlichen Disponierens. Alle die tausend Entdeckerfreuden machen wir noch einmal durch und hören nicht auf die Warnungen der Gelehrten, die uns beweisen, daß nichts auf einmal erfunden wurde, daß es Vorgänger und Nachfolger gab und Schulen und Einflüsse. Wir wissen es jetzt besser: es gab doch Genies und dem Blitzen im Auge Rembrandts ist gar nichts vorhergegangen und gar nichts nachgefolgt. Lege eine unendliche mathematische Reihe an und du wirst nie zum Ganzen kommen. Das Genie macht diesen Staatsstreich aus anderen Kräften her und es bildet Schlüsse, die wir weder vorher berechnen, noch nachher analysieren können. Es gibt Kunsthistoriker, die sich zu ärgern scheinen, daß das Wunder des Genter Altars trotz aller Ausstellungen Primitiver unerklärt bleibt. Es gibt aber Kunstempfinder, die sich darüber freuen, und wenn wir erst soweit sind, dieses Stückchen Entdeckerfreude, das auch im kleinsten Bilde lebt, mitzuempfinden, sind wir dem Walten der Kunst schon bedeutend näher gerückt. Die dunklen Anfänge der Zeiten und Menschen, die die Geschichte konstatiert, sind dann unsere Lieblingsstellen. Das Quattrocento schlägt dann das Cinquecento, Salvatore Rosa schlägt die Carracci, Claude Lorrain schlägt Poussin, Giovanni Bellini schlägt Tintoretto.

Hier sind wir bald an dem Punkte der schönen, leidenschaftlichen, begeisterten Ungerechtigkeit gegen die Geschichte. Wir werden uns hüten, den

Schritt zu tun, ehe wir uns auf die Fähigkeit persönlicher Anschauung geprüft haben. Genug Wunder hatte das Empfinden mit der Geschichte, um nicht übereilig verworfen zu werden. Aber in dem Augenblicke, da der Künstler in uns erwacht, löst sich die Wissenschaft aus der Umarmung (wie glücklich sind die vorübergehenden Stunden dieser seltenen Umarmung!) und wir werden Egoisten, die an unser Heil denken, die die Geschichte als Vorbereitung zur Gegenwart nehmen. Schämt euch nicht. Ihr findet, daß Raffaels Stanzen nichts als bedeutende Kompositionen zeitgenössischer Ideen sind, von denen kein Faden zu euch hinüberläuft, daß seine Farnesina roh ist, daß seine Loggien kleinlich sind. Sagt es, schämt euch nicht. Denn in demselben Gefühle liegt die schrankenlose Begeisterung für Rembrandts Genius, der aus Natur und Bibel, aus Haus und Kostümen eine Zauberwelt des Lichtes erdachte, des Lichtes, das Farben schafft, ja das Formen schafft, indem sie sie aus unsichtbaren Fluiden modelliert. Feuerbach liebte Veronese, Cornelius liebte Michelangelo, Reynolds den Tizian, Böcklin den Rubens und Roger van der Weyden. Auch ihr habt das Recht dieser Liebe. Wie es Unnatur wäre, für Thoma und Hofmann, für Böcklin und Liebermann dieselbe Neigung zu besitzen, so wäre es Unehrlichkeit, auch der alten Kunst gegenüber zu schielen. Wir haben jetzt das Recht, sie als Vorplatz unserer Sympathien aufzufassen. Wir durchstöbern die Handzeichnungen und regen uns an drei Strichen Rembrandts auf, während wir Holbeins materiell fundierte Kunst der Physiognomien kühl durchblättern. Wir suchen auf den Skizzen von Rubens mit Leidenschaft nach dem ersten Grundton, nach den ersten braunen Konturen der Rosse und Reiter, nach den ersten instinktiv füllenden Farbflecken. Wir suchen das Violett in seinen Gewittern, die Sonne des Cuyp, die Baumkronen des Watteau. Wir denken jetzt nicht mehr bei Watteau an die Schäferzeit, sondern wir denken an Corot und den Hain von Ville d'Avray und wie zwei Augen in zwei Jahrhunderten zwei Dinge gleich sahen. Wir suchen unsere Kunst in der alten, die Vorahnungen, die verwandten Neigungen, die gleichen Blicke und Gefühle, und die große Gemeinsamkeit und der Organismus alles Geistigen in dieser Welt scheint uns gewaltiger als alle Lehren der Geschichte.

Der unreife Reisende sieht sich die neue Stadt systematisch an. Er folgt dem Baedeker, wie der Kunstjünger dem Lübke. Er verwendet die Zeit in bemessenen, skalenweise geordneten Ausdehnungen auf Vatikan, Pitti, Uffizien und Akademie, je nach der buchmäßig verbrieften Wichtigkeit. Der reife Reisende hat diese Erziehungsklasse, das liebenswürdige Kennenlernen des Materials hinter sich. Wo er nichts findet, da existiert nichts mehr für ihn. Er überschlägt ganze Säle des Pitti, um vor einem Filippo Lippi stundenlang zu weilen. Er läßt die Niobiden stehen, um einen Vormittag vor dem

Altar des van der Goes zu sitzen. Er besucht den Gentile da Fabriano der Akademie und den Castagno in S. Apollonia. Er geht dreimal nach S. Miniato und niemals in den Dom. Er schlendert zuletzt und läßt sich überraschen von irgend einem Mantegna in irgend einer Ecke, und wenn er zu Hause findet, daß das Stück nicht von Mantegna sein kann, so liebt er es um nichts weniger. Er richtet sich in der Gozzolikapelle ein, er transportiert im Geiste einige der Quattrocentobüsten des Bargello in seine heimatlichen Zimmer, er schämt sich nicht und spaziert und liebt, was er lieb findet. Kein anderes Axiom ist für ihn, als das Kunstwerk, das ihm mit Liebe entgegenkommt, freundlich in sein Inneres aufzunehmen. Er weiß, daß auf dieser Stufe sein Geschmack keinen Fehler machen wird, daß sein Urteil in Jahren von Erfahrung geschmiedet ist. Gern liest er dann zu Haus nach, was die Wissenschaft über dieses oder jenes sagt, und hat das behagliche Gefühl der selbständigen inneren Sicherheit, die nichts verliert, auch wenn die Forschung ihm widerspricht oder gar die Antwort schuldig bleibt.

So gewinnt er sich die alte Kunst. An einem bestimmten Tage stieg ihm die Schönheit Crivellis auf und er ahnte den himmlischen Glanz dieser jubilierenden Dekoration, die Fruchtschnüre, Juwelen und Brokate, Lilienornamente und weiße Mönchskleider in einer singenden Harmonie gruppiert um die zierliche Gebärde, mit der der alte Petrus den Schlüssel von einem Kinde sich reichen läßt. An einem bestimmten Tage schlug sich ihm das Märchenbuch Altdorfers auf mit den getürmten Palästen, die er träumte, den Parkszenen, wo Satyrn und Nymphen ihre Gruppen stellen, von Brunnen, an denen man sich auf der Flucht nach Ägypten ausruht. Er gewann sich die Mauritiusse des Grünewald, Rogers Edelfräulein Salome, Bellinis Terrassenmadonna und den roten Stoff der Rembrandtschen Susanna als Eigentum. Alle diese schönen alten Sachen gehören jetzt ihm, ohne Mühe kann er sie gegen andere umtauschen, Sympathien, Launen und Zufälle formen seine Galerie und er sieht auf alle diese Schätze mit einem ruhigen Auge, als ob es Symbole eines Prozesses wären, der sein heißes gegenwärtiges Leben unter dem milden Glanz abgestimmter Vergangenheiten verbirgt — ein Teppich der Geschichte.

# ALFRED MESSEL

An den Baumeister Alfred Messel traten folgende Aufträge heran: einen Thron zu bauen für die deutsche Botschaft in Rom, Warenhäuser für Wertheim, das Lettehaus, Bauten für die A. E. G., die Landesversicherungsanstalt Berlin, die Nationalbank, das Rathaus in Ballenstedt, Volksspeisehaus, Arbeiterwohnhäuser, das Museum in Darmstadt, die Villen für Eduard Simon und andere, den Stall dazu. Er wurde berufen, die neuen Berliner Museen zu entwerfen. Also eine Tätigkeit, die über das ganze weite soziale Feld der heutigen Baumöglichkeiten reicht. Aber nichts hat ihn berühmter gemacht als die Wertheimfassade. Diese konsequent aufragenden Granitpfeiler, die das System eines Eisenbaues tragen und seine Funktion nach außen ohne jede Beschönigung verkünden, sind historisch geworden, haben gewirkt, haben das Auge erfreut wie die Erfüllung eines schlummernden Gedankens. Sie gehen durch die Fassadenverwirrung der Leipzigerstraße wie starke Akzente herunter, einer neben dem andern, immer herunter und herunter, haushoch, unerbittlich, eine Predigt der vertikalen Linie. Sie sagen, was alle die anderen Häuser schon wußten, aber nicht zu sagen wagten. Sie sagen: ihr setzt Stockwerke aufeinander, aber ihr geniert euch, dies Aufeinander zu bekennen, ihr baut Warenhäuser und teilt sie nach oben in allen möglichen Versmaßen ab, aber ihr schämt euch es prinzipiell ins Große zu entwickeln. Beim Ravenéhaus in der Wallstraße ist es ein Durchschnitt wie durch das Innere einer gotischen Kirche mit Arkaden und Emporen. Wir sagen die Wahrheit: wir kleben keine Innendurchschnitte auf, wir schieben auch kein Riesenschaufenster à la Tietz vor, sondern wir gestehen die neue Gotik ein. Wir sind Kinder der großen Pfeiler in den gotischen Domen. In allem Wust der Bildung besinnen wir uns auf das Organische. Eisenschichten, die getragen werden, sagen nach außen, daß sie von Riesenkräften gehalten sind, Kolossalarmen, die in den Himmel zeigen, Steinbäumen, die sich in ein Etagenwerk schwebender Märkte verästeln. Was dem Organisator des modernen Warenhauses als sozialer Endzweck seines Unternehmens vorschwebt, verkünden sie in der Sprache einer monumentalen Architektur. Sie offenbarten die vertikale Funktion unserer Baunotwendigkeit. Darum trafen sie das Volk.

Messel war ein bleicher feiner Künstler, der mit einem milden, fast schüchternen Blick die Dinge berührte und eine Art eleganter Treue besaß gegenüber den Problemen unserer Ästhetik. Wenn man ihn nach den Wertheimpfeilern fragte, sagte er: ich dachte immer, man müßte das einmal durchführen. Er ballte keine Faust und schlug kein Auge gen Himmel, sondern er bekannte das mit einem gebildeten Lächeln. An irgendeiner Stelle seiner maßvollen historischen Bildung traf sich die Überlieferung der Gotik mit den Bedürfnissen des Eisenzeitalters. Er kitschte nicht und klatschte nicht ab, sondern er nahm den reinen gotischen Gedanken in eine neugotische Zeit hinüber, weil er innerhalb der Gotik eine wunderbare Proportion darstellt und jenes Maß von Raumempfindung, das seinem Renaissanceherzen schmeichelte. Er schuf mit diesem gotischen Gedanken in unserer verkrümelten Welt Abschnitte, Verhältnisse, Raumakzente und so liebte er sie, zumal sie heut ehrlich wurden. Es war ein Glück, daß diesem komplizierten Empfinden der klare Erfolg entsprach. Es war Funktionalismus und Akzentgefühl in einer Epoche, die von beidem zehrt; scharf herausgebracht in einer Epoche, die zwischen diesen beiden Anschauungen sich aufreiben will. Es war der geniale Instinkt eines Künstlers.

Wenn man die Wertheimpfeiler Jemandem als Indizium zeigte und ihn fragte, wie er sich den übrigen Bau durchgeführt denke, so würde er zweifellos sagen: in einer monumentalen Nüchternheit, schönräumig ohne Überfluß, ehrliches Eisen und ehrliches Glas, sachlich und dem Zweck entsprechend, etwa wie ein guter Bahnhof auf den Markt angewendet. Ja, aber so einfach liegen die Temperamente nicht, wie beim Eispalast, der der einzige Bau in Berlin ist, der diese Forderungen erfüllt, obwohl er eine festliche Umrahmung für die reizvollste aller rhythmischen Bewegungen des geselligen Menschen sein soll. In Messel bäumt sich etwas gegen die Sachlichkeit, Bildung oder Reichtum oder Problemliebe oder falschgestellte Fürstlichkeit, etwas Aristokratisches bäumt sich. Er straft alle Schlüsse aus den Pfeilern Lügen. Die ganze Chronologie des Wertheimbaus nach der Voßstraße geht gegen diese Pfeiler. Die Pfeiler selbst können sich schon mit dem Dach nicht vertragen, das wie eine trübe Haube über ihnen sitzt. Der erste Lichthof wird mit Reliefs und Malereien und Putzflächen verzweifelter Kindlichkeit angefüllt. Der zweite Lichthof schlägt ihn mit Onyxbekleidungen und der Grazie unrhythmisch eingesetzter Bronzeplaketten. Der dritte entfaltet einen fast sanmarcoglänzenden Prunk in Gold und Marmor. Mosaiken und Reliefs und Figürchen, viel gute und viel schlechte, beleben überall die Fläche. Einige Arbeiten, wie die Taschnerschen, sind altmeisterlich fein; andere, wie die handgeschlungenen Geländer oder handrauhe Meißeleien, sind Bekenntnisse modernsten Impressionismus. Die Unsicherheit ist nicht zu leugnen. Der innere Kampf mit dem Thema Warenhaus ist Ornament geworden: selbst ein Warenhaus der Schätze aller künstlerischen Stile und Einseitigkeiten. Prachtvolle, großgedachte Räume, in denen Fürsten Feste geben könnten, aber ein gemischtes Volk gemischte Waren kauft. Und als die Ecke am Leipziger Platz dazukam, war die Katastrophe da. Messel baut Arkaden, entzückende, poetische, monumentale Arkaden, die zu den gelungensten Bauwerken Berlins gehören. Er baut darüber steinerne Kirchenfenster von mystischer Herrlichkeit, die, weil sie sich nicht fortsetzen, mit ihrem Dach böse zu sein scheinen. Er zaubert alte große Architektur an diese Stelle, mit Recht wohl, weil der Platz es verlangt, mit Recht wohl, weil der Bauherr diese Raumverschwendung als edelste Reklame gestattet, mit Recht wohl, weil es für den Verkehr gut ist, aber vor allem, weil er es liebt, so etwas hinzustellen, weil es schön ist, fast zwecklos schön, berauschend bis auf die kleinsten unnötig reizvollen Details der Balkons und Statuen. Wie er nach der Straße zu das Warenhaus genial bekannte, so hat er es nach dem Platz zu resolut verneint. Hinter diesem wunderbaren, überflüssigen Durchbruch seiner vornehmen Unmodernität werden wenigstens Teppiche verkauft; es ist der Konzertsaal im Fürstenhaus. Belebt diese freien Treppen und lauschigen Wintergärten, die Onyxhallen und Messingvestibüle, die Kirchen und Musiksäle mit dem wogenden Glanz eines Millionenfestes, und ihr habt sie der Bestimmung zurückgegeben, die sie im Innersten des Künstlers erträumen mußten. Der Wertheimbau ist der Kampf eines Aristokraten mit der Wahrheit unserer Tage: Siege des Charakters,

Schönheiten der Niederlagen und alle Unsicherheit des politischen Kompromisses.

Die Nationalbank, das Ballenstedter Rathaus, das Darmstädter Museum, die Simonsche Villa — in keinem Bau traf sich eine ähnliche Gelegenheit zu Konflikten. Messel konnte sich ausleben. Der Reichtum ererbter Kulturen, das Organisationsgefühl für Einheit bis ins praktische Detail, das besondere Organ für edle Raumwirkungen, vor allem Treppenwirkungen, alles ging gut zusammen. Nichts ist in diesen Bauten neu oder revolutionär, sie sind nur sehr historisch gebildet. Es ist charakteristisch, daß Messels Liebe besonders in jener Zwischenepoche der Stile verweilt, wo sie aufhören, ein Privileg der Fürsten zu sein und sich doch nicht ganz zur Bürgerlichkeit bekennen: der sogenannte Zopfstil, ein wenig ins Französische gewendet. Dieser Stil sieht vornehm und doch behaglich auf die Straße. Er hat schmale lange Fenster, gern von Sprossenwerk belebt, und legt ihnen oft einen scheinbaren Balkon vor, der das Motiv des Heraustretens andeutet, ohne ihm in Wirklichkeit nachzugeben. Er betont die vertikalen Akzente, um nicht in die romanische Horizontale zu verfallen, die bei uns im Norden stets abgelehnt worden ist, da wir im Grunde alle Gotiker bleiben. Bei aller Raumdisposition liebt er die Tür in einer barocken Weitschweifigkeit hervorzuheben — seht die kraftstrotzenden Voluten über Simons Stalltür! — und durch Ein- und Ausbiegungen der Fassadenflucht ein gewisses Kräftespiel mit dem Draußenstehenden zu veranlassen. Er setzt dem Bürger den Zylinder auf. Er gibt auf das Kostüm. Er hat Haltung und Form, ohne seine Menschlichkeit zu verleugnen.

Dieser Messelsche Privatstil ist nicht aus dem alten Berlin herausgebildet, das entweder schlütersch oder nüchtern war, aber er ist eine gute moderne Variation davon geworden: das europäisierte Berlinertum. Die Fassade von Schulte, diejenige mancher seiner Villen, in ihren Einflüssen schon durch eine Schülergeneration weiter, sind Ballenstedter Rathausmotive ins Mondäne übersetzt. In Ballenstedt steht über den langen Fenstern des Saales ein Giebel und darüber ein barockes Türmchen, in Darmstadt ist das Museum ein eingeschössiger Lustbau, der wie hinter einen stilisierten Garten des achtzehnten Jahrhunderts gedacht scheint, in der Nationalbank schweben Eisenbogen auf dorischen Säulen — kein Konstrukteur schafft aus der Tiefe der bildenden Phantasie einen neuen und eigenen Organismus, sondern ein schmiegsames Talent, das sich in der Mitte der Stile und Aufgaben am sichersten fühlt, erprobt an jedem neuen Thema seine historische Disziplin.

Die Disziplin hebt ihn über verwandte Naturen. Ihne scheidet ganz aus mit seiner flachen historischen Pracht. Seidl erscheint ein wenig theatralisch gegen ihn, Ludwig Hoffmann etwas zu sehr Liebhaber vergangener Schönheiten. Messels Fehler sind eklatanter als die Hoffmanns, und seine Vorzüge schärfer als die Seidls. Verhaut er sich, so verhaut er sich vollkommen, so sind es Unlösbarkeiten von Stücken seines Wesens, wie in gewissen Wertheimpartien. Hat er aber die Breite historischer Möglichkeiten vor sich, so diszipliniert er Form und Raum auf eine von aller Theaterei und Stilmeierei gereinigte Wesentlichkeit. Er besitzt die Reinheit, den Takt, das Unterscheidungsvermögen, das innere Gefühl für die Stilbedingungen. Wir spazieren mit ihm durch Eduard Simons Haus, in dem alte Grisaillen von Tiepolo, alte Seidenstoffe und Boiserien, alte Türen und Kamine eingebaut sind, eine Ensemblewirkung, die fast an die Aufgaben des Darmstädter Museums erinnert, Stil um Stil zu fügen. Die Rokokowände des Musiksaals, die Renaissance des Herrenzimmers mit seinem Globuslüster, das Louis seize des Salons, die weiße Sachlichkeit des Schlafzimmers sind Sätze einer Symphonie, deren Themen von altflorentiner Truhen bis zur elektrischen Beleuchtung reichen, mehr gegeben, als erfunden, mehr geworden, als gedacht. Der Regisseur bindet dieses bunte Ensemble in einem festen Rahmen, der nach der Straße in spätem aristokratischen Stil, vertikal und oval, sich vorstellt, nach dem regelmäßigen Garten in einer freieren Terrassenführung sich öffnet.

Was im Wertheimbau ein Kampf war mit der sozialen Gegenwart, vor der die Granitpfeiler die Wache halten, hier war es ein freundlicher Ausgleich starker ererbter Kulturen — es war etwas wie die innere Wohnung des Künstlers selbst.

# OESTERREICHISCHE KUNST

Wenn man durch die Sammlungen Wiens geht, das große Museum, das Industriemuseum, findet man die Kunst des neunzehnten Jahrhunderts mit merkwürdiger Ausführlichkeit behandelt. Wir sind gewohnt, zwischen Empire und Neuzeit uns eine gähnende Kluft zu denken, in der die Kunst verschwindet, mit ihren letzten fürstlichen Seufzern und der Ahnungslosigkeit der modernen Epoche. Die Maler dieser Zeit scheinen uns in langweiligen, akademischen Schulaufgaben zu erstarren, die Kleinkünstler in Geschmacklosigkeiten und Ratlosigkeiten sich zu verzetteln, und wir suchen schon mit dem mißtrauischesten aller Blicke, dem Entdeckerblick, sogenannte Ahnen und Vorläufer, die uns wenigstens die Genugtuung geben sollen, daß wir nicht ganz umsonst in diesen leeren Hallen herumspaziert sind. In Wien breitet sich die öde Kunst der Mitte des neunzehnten Jahrhunderts mit einer Anspruchsfülle aus, daß wir erstaunen. Ist man in dieser Stadt, die in manchen kleinkünstlerischen und ebenso in manchen literarischen Dingen ganz vom Hauch der Zeit berührt ist, so wenig erwacht, daß man die Schränke mit langweiligen Gläsern, die Pulte mit langweiligen Porzellanen, die Wände mit der ganzen unmalerischen Malerei dieser Epoche in ihrer vollen Ausführlichkeit beläßt, als ob sie das rühmliche Ende einer großen Entwicklung bedeuten? Oder ist die Liebe zur Heimat so groß, daß man auch nicht das kleinste Stückchen Tapete entbehren möchte, das damals einen aristokratischen Palast schmückte? Ein wenig davon ist wahr. Der Wiener hat Kultursinn, stärker als der Berliner. Der Berliner blickt auch künstlerisch in eine industrielle Zukunft, der Wiener darf zurückblicken in eine Vergangenheit, die, wenn sie auch niemals ursprüngliche Kultur war, so doch eine reizvolle Mischung aller möglichen europäischen Elemente darstellte und stets mehr in der Anordnung, als in der Schöpfung ihren Charakter bildete. Wien ist wie seine Literatur. Eine funkelnde Mischung von Venedig, Paris, Süddeutschtum, Polen und Antike. Eine Massenvereinigung, gelenkig und schmiegsam, keine Welt bauend, aber zehn Welten verstehend und für zehn Welten ein behagliches Haus bauend. Sein Kultursinn geht über die wahre, ausbrechende, impulsive, große Kunst hinweg zur kleinen Kunst, zu den Zeichen und Symbolen der Kunst, zum Nachfühlen der dekorativen Werte aller Dinge und zur Lebenskunst aller Arrangements. Darum kann man dort niemals leere kunstgeschichtliche Epochen ganz verachten, man kann sie niemals blutig bekämpfen. Man schätzt sie doch mindestens als Kultur und wirft den Rahmen nicht fort, auch wenn das Bild mäßig ist. Man liebt das Gewesene, weil es doch von dem Duft dieses oder jenes Aristokraten angenommen hat, weil es doch im Zimmer eines fürstlichen Dilettanten hing und einmal von einer schönen und liebenswürdigen Dame angelächelt wurde.

Die österreichische Kunst ist eine Unmöglichkeit für den geschulten Historiker, aber ein seltenes Menu für den Kunstkenner. Der Historiker wird beweisen, daß es keine österreichische Kunst gibt, weil niemals eine wichtige Anregung von dort ausging und selbst Makart der letzte Venezianer bleibt. Der Kunstkenner aber hat seine eigentümliche Freude an dieser Wirrnis. Vom Porzellan Altwiens, in dem sich ein Strahl Empire bricht, über Führichs Nazarenertum und die Bilder, die Fendi nach Antiken malte, über die Episode Feuerbachs und ihre merkwürdige Wiederholung in der neuen Sehnsucht Wiens nach Klinger, über die unheimlich große Anzahl älterer Wiener Malererzähler und die musikalische Figur Schwinds, die Gunst, die ein Tilgner genoss, das größte Musteralbum der Architektur, das die Ringstraße entrollt, bis zu den neuen und in Europa wohlgelungensten Bauten und Einrichtungen Hoffmanns und Mosers auf der Hohen Warte, Makarts Feste und Orliks Japanreise, die liebenswürdigste aller Sezessionen, dazu ein wenig Rothschildsche Orchideen und Mahlersches Orchester in dem wohnlichsten aller Opernhäuser — über dies alles gleitet der Blick des Kenners und, was der Historiker im Objektiven nicht fand, die Einheit, findet er im Subjektiven, in der reizenden Möglichkeit, ein Weltbild im Spiegel zu sehen, zu wenden, zu beschreiben.

Ludwig Hevesi war der berufene Schilderer. Er schaudert vor jeder regelrechten Historie, wie alle, die das Leben und die Kunst kennen. Er ist selbst Künstler, schmiegsam wie Österreich, bald slavisch, bald ritterlich, bald deutsch, nicht gegen die feine Kultur der Patrizier, nicht gegen die neuen Wonnen der Sezessionisten, aber auch kein pflichteifriger Sezessionist und kein Reaktionär, ein Kulturfalter, der sich an der Sonne des Luxus und am bunten Spiel der Blütenfarben freut. Ein junger Alter von der Gattung, die stets die beste Mischung gibt von Ruhe in der Seele und Wohlwollen in den Sinnen. Er bildet sich und bildet seine Sprache im Erleben. Er schnitzt die Begriffe und Worte, wie ihm gerade zumute ist, einmal buchmäßiger, ein andermal willkürlicher, launischer, unwilliger, ja selbst die Manieren werden ihm nicht unwillkommene Instrumente seines Ausdrucks. Stets bleibt er persönlich. Er gehört zu den Empfindern, die selbst im notwendigen Ernst des Ausdrucks das leise Lächeln einer Ironie, einer Gleichgültigkeit, einer Berufsverachtung für den, der es versteht, durchschimmern lassen. Was Arbeit und Fleiß ist, läßt er als Arbeit und Fleiß stehen. Was Gefühl und Urteil ist, gibt er den Wellen der Subjektivität preis. Mit Kenntnissen prahlt er nicht, und doch enthält eine hingeworfene Parenthese manchmal mehr Wissen, als ein Archivar sich ersitzen kann. Vor allem schreibt er keine Geschichte, schreibt nicht, was schon geschrieben ist, und schreibt lieber seine eigenen Feuilletons noch einmal ab, ehe er sie neu formt. Er sammelt Eindrücke einer Wiener Kunst. Es sind zwei Bändchen „Österreichische Kunst 1800—1848 und 1848—1900", die als erste in der Sammlung moderner, national geordneter Kunstgeschichten bei E. A. Seemann erschienen. Die Versuche, vollständig zu sein in der Aufzählung und Datierung aller Polen, Rumänen, Deutschen, Ungarn, Dänen, die einmal in Wien bauten oder malten, sind rührend. Es wird gewiß ganz unvollständig sein. Aber es ist ein ehrliches Bekenntnis über die Sammlungen, die retrospektiven Ausstellungen, die künstlerischen Ereignisse, die ein Wiener mit offenen Augen sah und erlebte.

Ein gutes Kapitel ist Waldmüller. Er gehört unter die vom modernen Auge wieder Liebgewonnenen, Entdeckten, der von seiner Sittenbildlichkeit aus ebenso auf die Forderungen der neuen Kunst kam, wie Delacroix in Paris vom Historischen, wie Runge in Hamburg vom Dekorativen, wie Menzel in Berlin ohne jede Pretention, ja ohne Wissen darum. Waldmüller freilich blieb der Theoretischste von diesen. Ich muß sagen, daß seine altfränkischen kleinen Porträts, wie sie jetzt in der modernen Galerie im

Belvedere hängen, mir wichtiger und inhaltreicher erscheinen als die luftigsten seiner späteren Sittenschilderungen. Wiener Lokalpatriotismus macht ihn trotzdem zum „ersten Sezessionisten“. Er empfiehlt die Natur gegen die Akademie, wie es jeder Bessere in seiner Zeit tut. Ruskinsch ist es noch nicht, wenn er dabei auf die Sittlichkeit pocht. Zuletzt wurde er etwas augenschwach und darum breiter — moderner, mit Erlaubnis zu sagen. Er liebte jetzt die Sonne und bringt hellere Schatten, ja man findet erschreckt schon etwas Violett. Ein Kritiker schrieb über ihn: „Waldmüller kam in seinen alten Tagen auf den Einfall, um eine glänzende Farbe zu erhalten, müsse man im Sonnenlichte malen. Das erklärt wohl die seltsam grelle Farbengebung auf vielen seiner späteren Bilder.“ Ob man ihn darum im Auslande besser verstand? Schon 1857 erscheinen bei Goupil einige seiner Bilder in Lithographie. In London verkaufte er an den Hof in acht Tagen 31 Bilder, mit denen er nach Philadelphia reisen wollte. Er schrieb gegen die Akademie und hatte den weltmännischen Metternich auf seiner Seite, der dem Direktor zu erkennen gab, daß eine Akademie nicht dazu da sei, den Genius zu ersticken. Waldmüller opfert sogar zeitweise seine halbe Pension für seinen Mut. Schließlich will er einen Künstlerverein gründen, eine Sezession. Aber es wurde alles wieder gut und ordentlich und staatlich.

Leopold Müller ist ein Mitempfinder in den neuen Regungen zur malerischen Atmosphäre. Als

Schilderer des Orients mit weichster Luft und zartesten Schatten interessiert er auch den Nichtösterreicher. Die feinen Landschafter der Folgezeit interessieren ihn, Darnaut, Charlemont, Jettel, die uns über die Natur zur österreichischen Musik zu führen scheinen. Das Dekorative der Musik tritt auch anderswo bildend auf. Es formt Schindlers Landschaft zum idealen Bau, es gibt den Hirschlschen Göttern und Genien den stilisierenden griechischen Geist, der für Wien bezeichnend wird. Hier schließt sich etwas wie eine Einheit zusammen aus Musik, Hellenismus und Natur. Die Einheit liegt im Dekorativen, und ihre Pole sind Makart und Feuerbach.

Uber Waldmüller und seine Protosezession sammelte Hevesi bei Gelegenheit der retrospektiven österreichischen Ausstellung von 1898, wo manche Skizze und Naturstimmung zu sehen war, die, wie es immer bei solchen Erinnerungsfesten zu beobachten ist, die offizielle Schale entfernte, die Seele (diese ewig gleiche und große Seele) des Malers enthüllte. Eine andere hier verarbeitete wichtige Quelle sind die „Wiener Kunstwanderungen", die seit vorigem Winter endlich Bau und Einrichtung der alten Paläste erschließen. Den Nichtösterreicher interessiert alles Dekorative aus Wien doppelt. Der Rittersaal der Hofburg als Wiener Empirearchitektur mit seinen Alleen von gelben Riesensäulen und lang niederhängenden, „sich unterwegs verdoppelnden Kristallüstern, deren rhythmisches Prismengefüge sich unausgesetzt zu regen scheint." Das

Palais Auersperg als ein Schlachtfeld zwischen entzückendem Louis XVI. und unerbittlichem Empire. Das Mahagoni-Empire im Unterrichtsministerium, dessen Nachbildung das Industriemuseum besitzt, der Ausgangspunkt des Biedermeierstils, der hier wie überall die solidesten bürgerlichen konstruktiven Formen überlieferte. Das Lichtensteinsche Palais in der Bankgasse aus den 30er und 40er Jahren ist ein selbständig verwendetes Rokoko, halb naturalistische, halb phantastische Ornamente in einer Schnitzerei, die als Wiener Leistung eine seltene Arbeitssumme darstellt. Die Pfeiler an den Bücherregalen als Säulenbündel mit Eichenlaub, die in ein phantastisches flackerndes Laubornament oben auslaufen. Tapeten aus dicker Seide, weiß mit naturalistischen Rosenbuketts in Rot und Grün, die für ein reizvolles Kunststück im Zeitgeschmack erklärt werden. Ecketageren für Porzellan, die japanische Einteilungen haben, Sessel, die an Pankok vorerinnern, die Anfänge der Wiener gebogenen Möbel aus der Hand Thonets — das ist eine erst jetzt erschlossene Gruppe schwebender Stilformen, in denen die konstruktiven Feinheiten des Rokoko mit seinen phantastischen, fast spätgotischen Ausrankungen sich zu seltsamen Zwittergestalten zusammenfinden, ähnlich den unregistrierbaren Fest- und Luxusbauten des Augenblicks auf den großen Illuminationsblättern schon des achtzehnten Jahrhunderts.

Das Material der vormärzlichen Zeit wird aus den retrospektiven Ausstellungen und alten Stichen und Bildern bestritten. Die große Kongreßausstellung ist für alle diese Dinge unerschöpflich. Wien hat immer gern für seine Vergangenheit gesammelt, die Theater haben jetzt schöne Erinnerungswerke, die großen Buchhandlungen geben reichliche Folgen von Blättern aus ihrem Besitz, mancherlei ist hier abgebildet, alte Tanzsäle, Aufführungen und das Atzgersdorfer Empfangszimmer von 1800, das Schreibzimmer der Gräfin Molly Zichy-Ferraris von 1830. Im zweiten nachmärzlichen Bande ersteht das moderne Wien. Die Wunderbauten des Rings, die mustergültig werden für das moderne Straßenbild: die Votivkirche in ihren edlen Maßen, die Oper in ihrer unerreichten Weiträumigkeit, das strenge Parlament und der einwandfreieste aller modernen Monumentalbauten, das Rathaus. Universität, Hofmuseen, neue Burg und Schloß zeigen die Wandlung der Künstler und des Geschmacks an verschiedener Kultur. Jetzt stehen die Stile einträchtig zusammen, der Triumph einer Kunstgeschichte auf einem bevorzugten Platze, nur wenig gestört von einer kraftlosen Plastik. Hier war Griechenland mit Venedig und Paris äußerlich kombiniert, innerlicher will es in der neuen Architektur zusammenwachsen, die, hier und da verstreut, in Stadtbahnhöfen, Sezessionshäusern, Fassaden von Geschäften, Zeitungshallen, einzelnen Zimmern des Währinger Cottage und modernen Villen, am konsequentesten in der Hoffmannschen Kolonie, die sich verpflichtet hat zu gemeinsamem Bauplan, aufsteigt. Von der hellenischen Erbschaft Hansens ist ein Stück geblieben. Hellenisch-wienerisch ist eine unlösliche Mischung. Vom Parlament über die antikischen Zimmer im Hause Dumba bis zu der anmutigen Strenge olbrichscher und moserscher Dekoration ist ein ewiges Neuversuchen des Grec. So fühlt man sich auch zu Klinger hinüber. So liebt man das Stilisieren und haßt den Naturalismus der Berliner Kunst. Alle die Sezessionisten Wiens, Moll, Roller, Andri und Klimt, ihr Führer, sehen stilisierend in die Natur und das Leben. Sie bauen und dekorieren im höchsten Sinne und sie erhalten darum Wien seinen Charakter, der eine Angst vor der rücksichtslosen Wahrheit ist und ein Arrangieren in die musikalische Schönheit. Wien regt sich in allen Empirezeiten.

# EINE KLEINE STAEDTEREISE

Abfahrt! Ich wiege mich ganz im Genuß dieses seligen Augenblicks, durch das Zeichen eines Beamten auf eine Zeitlang unerreichbar zu sein. Mir kann nix geschehen, sagt der Steinklopferhans. Zu Hause habe ich den Abguß des kleinen Christus von Desiderio, der auf dem Tabernakel in S. Lorenzo steht und mit der ganzen Eleganz eines kleinen Nackedei die Rechte segnend erhebt. Mein kleiner Neffe, der sich weniger für Kunstgeschichte als für Eisenbahnspielen interessiert, sagte ein erlösendes Wort, als er diese Gebärde, dem Stande seiner Kenntnisse entsprechend, für das Signal zur „Abfahrt" erklärte. Gelbrote Abendwolken spielen im Dampf der Lokomotive und wecken Gefühle von süßer Einsamkeit und rätselvoller Zukunft. Die Reihen der Bäume gleiten vorüber, die vorderste entgegengesetzt, die zweite scheinbar in gleicher Richtung mit uns, die dritte wieder scheinbar entgegengesetzt: selige Zeiten der Illusionen, da ich als Junge diese optischen Schiebungen das erste Mal beobachtete und an unentdeckte Naturgesetze dachte, die ich einst lösen würde, als berühmter Mann, wie Mommsen oder Curtius, die ihre Aufsätze in Journale schrieben. Dann kam das Leben und hielt uns so lange von der Natur fern, bis uns die Lust verging, neue Gesetze zu entdecken, und wir zufrieden waren, die zarten Spiele des Zittergrases oder die Regentropfen im Spinnennetz mit lächelnder Entsagung zu studieren. Spartacus, Spartacus! wiederholen die Schienen in ewigem Rhythmus. Spartacus, Spartacus! Und plötzlich wechselt der Rhythmus eine Minute lang, und es klingt so häßlich jambisch: „Nu, wenn schon; nu, wenn schon!" Bisweilen scheint da unten eine Riesenherde von Hunden zu heulen, dann wieder leises Gleiten, dann ein plötzlicher Herzstillstand, wenn wir einen Weg kreuzen. Unerschöpflich scheint diese Lyrik der Eisenbahnfugen. Bei der Berliner Straßenbahn haben sie jetzt eine neue Methode, die Fugen zu schließen. Sie schweißen sie unter wahnsinniger Hitze zusammen und borgen sich für die Maschinen die Elektrizität aus dem Draht der Oberleitung. Echt modernes Verfahren, praktisch und wenig schmerzlich. Früher wechselte man die Schienen, was wohl einen großen Radau machte, aber so als Weltanschauung genommen doch wohl sicherer war. Es wird langsam finster. Ich starre auf die Inschrift: „Nicht öffnen, bevor der Zug hält." Der Fensterriemen hängt gerade über dem Zwischenraum nach dem Worte „öffnen" herunter. Ich überlege, ob an dieser Stelle ein Komma stehen wird oder nicht. Für das Komma, sage ich mir, spricht der Glaube an die Aufklärung, man muß dem Volke gegenüber verständlich werden, es nicht im unklaren lassen über die Besitztümer der geistigen Elite, die hier in der zweiten Klasse fährt, um sich — wie Goethe von den Orden sagt — gegen Mißverständnisse und Unannehmlichkeiten zu schützen. Gegen das Komma aber spricht die altbewährte Sparsamkeit des preußischen Staates: das Fensterband könnte ja für das Auge ein Komma ganz gut vertreten. Ich halte mich in Spannung und überlege alle Gründe dafür und dagegen! Ich möchte innerlich eher für das Komma sein, sozusagen, um in außerberlinische Stimmung zu kommen. Ich sage mir: sie haben ja sogar, um den neuesten h-Ausfall in „Tür" ordnungsgemäß durchzuführen, alle „Thüren" in „Türen" übermalen lassen, was doch gewiß nicht für Sparsamkeit spricht. Oder sollte es Loyalität sein? Ich muß meine Neugier befriedigen, hebe den Riemen: es war ein Komma! Nun bin ich wieder im Gleichgewicht, die Lyrik der Schienenfugen singt meiner ruhigen Seele ein Wiegenlied — Spartacus, Spartacus — ich schlafe.

Gänzlich gedankenlos sitze ich in dem hannoverschen Wagen, äußerst beruhigt darüber, daß ich nicht nach Köln, Paris oder Amsterdam zu fahren brauche, sondern noch abends in einer Stadt aussteige, die für mich mit vielen anderen nur das Charakteristikum hat, daß man gewöhnlich durch sie durchfährt. Warum besucht man auch so wenig die deutschen Städte? In Italien bekreuzigt man sich, wenn man Padua oder Arezzo ausläßt, und man gilt als Engländer, wenn man nicht a tempo mit zehn kleinen Städten renommieren kann. „Ja, wenn Sie nicht die Malereien im Ragionesaal von Padua gesehen haben, wissen Sie nicht, wie das Mittelalter . . ." Und so weiter. Man kann sich aber auch bei uns sehr gut in kleinen Städten unterhalten und mancherlei lernen, beobachten und renommieren. Je kleiner, desto netter. Ich habe nie einen Artikel über die stillen Szenen geschrieben, die ich auf Radreisen abends in Provinzstädten mir vorspielen ließ, und es war doch noch viel köstlicher als das Café Kröpke, in dem ich heute Abend sitzen werde. Weißt du noch, damals in Gransee: kein Gast außer mir, nur ein verschlafener Förster, dem die Schwestern des Wirtes vergeblich zusetzen, die eine in der schwarzen Bluse, die wirtschaftliche, mit klingenden Schlüsseln, die andere in der roten Bluse, mit der undeutlichen Sehnsucht nach der großen Stadt, wie sie die Annoncen vom Zirkus laut vorliest, das Fenster gerührt aufreißt, wenn die Leute aus diesem Zirkus zurückkommen (bloß, um diese zirkusgesättigten Menschen wenigstens zu genießen), und vom Bruder spricht: wenn er jetzt nicht kommt — und dabei horcht sie auf das ferne Pferdegetrappel — kommt er erst um zwei in der Nacht zurück, dann wird es spät, dann sitzen die Männer und trinken. Sitzen die Männer und trinken! Es war so dumm, so nichts, und doch vergesse ich es nie . . .

Wenn man in Hannover aussteigt, sieht es so aus wie in jeder Stadt, wenn man aussteigt. Es könnte Frankfurt und es könnte Brüssel sein. Immer ein weiter Platz, über den die Trams kreuz und quer laufen, um die Nachtgäste der anliegenden Hotels möglichst zu stören. In der Mitte des Platzes gern ein Denkmal von irgendeinem Fürsten, über das Volkswitze gemacht werden (so wendet Ernst August in Hannover als ein Feind der Eisenbahn dem Bahnhof den Rücken), und das sich niemand ansieht, weil es in den Reisehandbüchern genügend beschrieben ist. Dann stehen große Häuser da mit vielen Läden und breiten Schaufenstern, und irgendein Boulevard läuft elegant und gerade in das Innere der Stadt. Es ist schließlich nicht übel, daß die Bahnhöfe so nivellierend auf ihre Umgebung wirken, weil der Fremde sich dadurch gleich heimisch fühlt wie ein Virtuose, der von Madrid bis Moskau nur dieselben Konzertsäle und Droschken kennen lernt und dadurch nicht zum Bewußtsein seiner Heimatlosigkeit gelangt. Die mondäne Eleganz umgibt den Fremden in Hannover noch recht lange. Auf der Georgstraße, in den Villenvierteln kommt er nicht aus dem großstädtischen Gefühl heraus. Die Trottoirs sind breit, die Trams klingeln heftig, die Menschen sind gut angezogen, und auch die Einfamilienhäuser mit ihren besäulten Portalen unterscheiden sich nicht von den Straßen des Regentpark in London. Das ist das moderne, halb englische Hannover, das ein Stück einer Großstadt sein könnte.

Davor liegt das Hannover des Herrn Hase: ich meine als geologische Schicht im Stadtbau, und gerade in Hannover kann man prächtig Stadtgeologie treiben. Dieser Hase hatte von den schönen Vorbildern am alten Rathause und der Justizkanzlei unter dem Einfluß münchner romantischer Regungen die merkwürdige Idee sich eingeben lassen, eine moderne Gotik in der Stadt zu verbreiten, und niemals ist eine romantische Angelegenheit so unromantisch durchgeführt worden und die Übertragung eines alten Stiles so schulmeisterlich ausgefallen. Die hannoversche Gotik wurde eine kleine Blamage der deutschen Baugeschichte und wirkte ansteckend bis in ferne Provinzen, die sich Schüler dieser Richtung kommen ließen: wie etwa der Breslauer Bahnhof aus unverständlichen Gründen in einem gotischen Stil aufgeführt wurde. Die gotisierenden Häuser, meist in Backstein mit Spitzbogenfenstern, seltener in einem getünchten Zinnenstil, sind allenthalben durch die Stadt verstreut, von ländlicheren Exemplaren bis zu der Mietskaserne, die nur das Schema noch übrig läßt. Man kann sich dabei mit einer Intensität langweilen, wie es noch nie ein Stil erreicht hat, besonders kein gotischer, der in Venedig so heitere Profankunst schuf, im Wiener Rathause so großzügig modernisiert wurde, im englischen Cottage so bescheiden auftrat. Man zeigt Hases kleines gotisches Wohnhaus jetzt nur noch mit einem mitleidigen Lächeln. Es hat eine theoretische Freundlichkeit, eine idyllische Schematik, die sich in sich selbst grenzenlos widerspricht und von einem spitzbogigen Laden höhnisch übertrumpft wird, den man an die Vorderseite anbaute. Diese Zeit schuf nur die Kulissen. Sie glaubte, die Baukunst erneuern zu können, indem sie die Muster eines Stils, der in unseren Gegenden bis hinunter zum dachdurchbrochenen Stralsunder Rathaus einst schon die Anwendung großer Steingedanken auf Ziegelnotdurft darstellte, nur noch einmal abstrahierte und mit der abgstandenen Sauce der regelmäßigen Klassizistenschule begoß. Da mußte eine Lüge herauskommen. Wir haben das heute sehr schön eingesehen. Wir haben das Übel bei der Wurzel gefaßt und das neue Haus nicht auf einer zehnfach geteilten Erbschaft begründet, sondern sind zu den Großeltern zurückgegangen, in die Bauernhütte, die ländliche Behausung, die die Elemente des nordischen Wohnens ganz reinlich zeigte und durch das Stadthaus langsam erst verdorben worden ist. Noch einmal kam ein leichter gotischer Hauch über unsere Architektur in den Wohnhausbauten der neunziger Jahre, als mit dem englischen Modestrom Tudorbogen und Maßwerk als liebliche Ornamente uns freuten. Jetzt ist die Gotik beschränkt auf konstruktive Grundgedanken, auf Pfeiler der Warenhäuser, auf Erker der Wohnhäuser, wie sie eben erst die interessanteste Mietshausgruppe Berlins, das Viertel zwischen der Mommsen- und der Niebuhrstraße, in schönsten Exemplaren aufweist. Nur in Kirchen ist die Hasegotik nicht ganz zu überwinden. Hier war Hase selbst ein Überwinder. Gegen die Schinkelsche Werderkirche in Berlin mit ihrem sterbenslangweiligen Versuch einer neugotischen Schematik ist seine hannoversche Christuskirche ein Meisterwerk. Die Giebel, die an den Seitenschiffen entlang laufen, nahm er von den Vorbildern der Umgegend, den Turm machte er gesetzt, dick, vielfältig verzweigt und erreichte eine Proportion, die keines seiner Wohnhäuser hat. Das versöhnt mit Hase. Denn von der Erfindung, gegenüber dem Verputz den Backstein wieder zu Ehren gebracht zu haben, kann der Ruhm eines Künstlers kaum bestehen, der im Anbau des Rathauses zeigt, wie gedankenlos er das alte schmale gotische Fenster in das fabrikmäßig moderne umrenoviert. Man braucht diese alten und neuen Rathausfenster nur zu vergleichen, um die ganze Mißverständlichkeit dieser sogenannten Romantik an einem schlagenden Beispiel zu begreifen. Es war eine schreckliche Epidemie. Friede ihren Opfern!

Wieder graben wir eine geologische Schicht tiefer. Da stößt man auf eine Bauperiode, die sonst eigentlich sehr selten zu sehen ist. Auf dem Neustädter Markt zieht sich eine lange Reihe von Häusern hin, die noch den alten vorgekragten Fachwerktypus im Prinzip bewahren, aber alles Eigene und Individuelle aufgegeben haben zugunsten einer fortlaufenden engen Fensterparade, die sich Stockwerk über Stockwerk wiederholt. Das sieht aus wie eine große Truhe mit regelmäßigen Löchern, und es ist das mitteldeutsche Mietshaus der späten Renaissance, ein guter heimischer Typus, fabrikmäßig ausgenutzt. Wie aus dem Renaissancepalast unser Mietshaus wurde, das im achtzehnten und neunzehnten Jahrhundert die Straßen eintönig besetzt, so ist dies die Dekadenz des alten Fachwerkes. In den meisten Städten verschwand es wohl, da sein Zustand schlecht ist, vor den grauen, getünchten Häusern der Zopfzeit; hier ist es mal ausnahmsweise erhalten und ersetzt durch kulturgeschichtliches Interesse, was ihm an Schönheit fehlt.

Wieder eine Schicht tiefer: der Palastbau, das Patrizierhaus des siebzehnten Jahrhunderts. Davon hat Hannover ein sehr berühmtes Beispiel, das sich mit seinem schönen, eleganten, schmalen Aufbau, dem reichen plastischen Schmuck, der vielfach vergoldeten Steinfassade recht gut mit den prächtigen Gildehäusern vergleichen läßt, die aus jener Zeit in den flämischen Städten als Kranz malerischer Marktplätze erhalten sind. Das Haus hat so seine Geschichte. Leibniz wohnte darin, Iffland wohnte darin, und heute ist es in umgebautem Zustande Kunstgewerbemuseum geworden. Der Segen aller Künste und Wissenschaften ruht also auf ihm, und es ist jedenfalls eine dankenswerte Vereinfachung des Fremdenverkehrs, wenn soviele Erinnerungen gleich mit einem einzigen Mal befriedigt werden können. Antwerpen könnte sich ein Muster daran nehmen. Denn dort ist von dem fürstlichen Hause von Rubens so gut wie nichts mehr vorhanden, während man auf der Place de Meir die vornehmsten Barockfassaden sieht, die aus jener Zeit überhaupt in kleinen Wohnhausbauten sich erhielten, ohne daß man ihre Bewohner kennt, und drittens, wenn man das schönste Interieur eines alten Hauses sehen will ohne jede Fassade, muß man den ehrwürdigen Drucker und Verleger Plantin besuchen, wo um einen entzückend verschwiegenen Hof herum die ganze abwechselungsreiche Entwickelung einer Patrizierwohnung um 1600 von den Gesellschaftsräumen bis hinauf zur Typengießerei als einheitliches Raumkunstwerk unsere Bewunderung herausfordert. Hätte Rubens in diesem Hause gewohnt mit der Fassade des unvergeßlichen Place de Meir-Hauses, so könnte man das schlechte Essen in Antwerpen viel eher vertragen. Antwerpen hat nämlich schlechtes Essen und gutes Bier — das heißt, es ist eine deutsche Stadt zum Unterschied von Brüssel, wo es mit den Eß- und Trinkverhältnissen auf französische Art umgekehrt bestellt ist.

Ich bin noch die älteste hannoversche Schicht schuldig, den richtigen, launischen Fachwerkbau mit vorkragenden Stockwerken, der dieser ganzen Gegend eigentümlich ist. Die Fachwerkbalken haben bald Bogen-, bald Schlangenform, die Stockwerke rücken aufeinander zu, um die Straße breit zu lassen und zugleich die Zimmer zu vergrößern. Das war ja immer das Problem. Die Straßen waren eng, unten brauchte man Platz, oben auch, also ließ man die Häuser gewölbeartig einander zunicken, wenn man sie nicht durch Laubengänge unterminierte, was in unseren schlesischen Städten mit viel Gemüt, in Bologna dagegen mit viel fürstlichem Prunk geschah. In Hannover gibts noch ganz gute Ecken. Dort bei der Leinebrücke, zwischen alten Bäumen und Türmen, ist eine Gesellenherberge mit schönem Straßenschilde, und drinnen sitzen Sonntags die Gesellen und singen die neuesten Meistersingerweisen. Die Häuser haben noch ganz die alte Frechheit. Sie wissen nichts von der langweiligen Paradeflucht der Renaissance, mit Vorliebe schieben sie eine Ecke gegen die Straße, so daß das Licht über das schiefe Dach und die Mauervorsprünge allerlei Purzelbäume schießen muß und auf die billigste Art die Akzentuierung der Gasse besorgt, die wir heute so kunstvoll vermeiden. In solchen malerischen Winkeln fühlt man etwas gänzlich Ungroßstädtisches: man hat Zeit. Mit langsam schlürfendem Schritt schleicht man um die Mauern, angenehm belustigt von jedem unerwartet neuen Ausblick, den die mannigfach verstaffelten Kulissen dem Auge bieten.

Die Häuser wackeln, und wenn sie auch noch nicht so trunken sind wie die blauen und roten Gemäuer in der Daliborgegend hinten auf der Prager Burg, so haben sie doch von den vielen Jahrhunderten so viel Rausch in sich, daß die Polizei gehörig aufpassen muß. In diesen Gegenden schleicht der alte Heidengott Dionysos zur Nachtstunde umher. Wenige Auerlichter stören ihn, und die Winkelschatten geben ihm Zuflucht. Er ruft alte Leidenschaften wach, unbotmäßige Instinkte, gierige Lüste und Mordgedanken, und bisweilen scheint seine Stimme hell und jugendlich zu werden, als ob es keine Reue und Rache gäbe. Trunkenheit liegt in der Luft, und Häuser und Menschen gehorchen nur dem Gebot des Augenblicks, der Begierde, der unmoralischen Kraft. Sie leben, solange sie leben; und stürzen sie, so stürzen sie. Von dem Meere kommt ein feuchter Hauch über die Heide, und schwarze Wolken rasen nach Süden. Seltsame Laute, unterdrückte Schreie dringen hinter dem Beguinenturme hervor, und der Fluß plätschert mit geheimem Verständnis. Sind es Welfennöte? Die Sonne geht wieder auf, und man liest die Schilder des preußischen Polizeireviers Nr. 17. Alles rollt seinen Weg, als ob nichts geschehen wäre, und die Elektrische klingelt zur Abfahrt nach Hildesheim. Die alten Häuser werden auf ihre Baufälligkeit untersucht, und die Fragen der Hygiene werden ventiliert. Soll man malerischen Kram stehen lassen, soll man frisch und froh niederreißen? Die Frankfurter Judengasse fällt, das Judenrathaus mit der hebräischen, rückwärts gehenden Uhr in Prag soll fallen, und die Ghettobewohner ziehen nebenan in die neuerstehenden Basarpaläste. Das Konservieren der Altertümer ist eine Frage des Temperaments. Große, kraftvolle Zeiten haben niemals Ruinen angebetet, wir aber sind zu sehr Kinder einer historischen Sentimentalität, um den nackten Mut des Niederreißens zu haben. Es gehört zu unserem Wesen, zu unserer Bildung,

Ruinen zu erhalten, wenn sie uns wertvoll wurden. Wir können nicht mehr blinde Gegenwartsmenschen sein. Unsere Kraft zeigt sich bei anderen Gelegenheiten. Die alten Bauten sind nicht aus Bedürfnis, sondern aus Stolz und Machtbewußtsein großartig. Spekulation und Industrie sind unsere Kräfte geworden. Wo bei ihnen das Machtgefühl und Bedürfnis zusammentreffen, reißen wir unweigerlich ein. Der Staat hat mit Recht darin seine Aufgabe gesehen, diesen nicht ganz reinlichen Gelüsten durch „Konservierung der Altertümer" eine gewisse idealistische Balance zu halten.

Vergänglich ist alles. Auf dem hannoverschen Kirchhof in der Nähe der Ulanenkaserne kann man sich diese Stimmung in einer vorzüglichen Weise einflößen. Da gibt es eine Reihe von schönen Plattengräbern (eine Form, die doch immer noch die vornehmste ist), ein Grab von Marschner mit seiner Bronzebüste und daneben zwei große, aufrechte, uralte Steine, von denen der eine den Riesen, der unter ihm liegt, in Originalformat wiedergibt, der andere aber das breitspurige Bildnis einer Jungfer zeigt, von der die Inschrift in schöngeschnittenen langatmigen Zeilen meldet, daß sie trotz ihrer Keuschheit und Anmut dennoch hat sterben müssen. Jetzt hat man den Riesen der Jungfer hübsch gegenübergerückt, und so haben sie wenigstens in abgeschiedenem Zustande das Vergnügen einer Annäherung, die ihnen im Leben sicherlich über manche schwere Stunde hinweggeholfen hätte. Der Riese war vielleicht ein Soldat aus dem Dreißigjährigen Kriege und hätte länger leben können, wenn er sich mit dieser sittsamen Jungfrau in ein friedliches Gewerbe zurückgezogen hätte, die Jungfer aber hätte nach ihrem lieblichen Konterfei gewiß das längere Leben und eine kurze Inschrift der langen Inschrift und dem kürzeren Leben vorgezogen.

Sei es, wie es sei, diese beiden vortrefflichen Menschen, der Riese und die Jungfer, sitzen neben mir in der Elektrischen, die mich nach Hildesheim bringt. Es macht mir Vergnügen, mit diesen Zeitgenossen des Fachwerkbaues auf die modernste Art in die älteste Stadt zu reisen. Aber ich merke bald, welchen großen Fehler ich begangen habe. Man soll den Witz der Geschichte nicht herausfordern. Bei jeder Station flucht die alte Kriegsgurgel über den mörderischen Durst, den er bei dieser teuflischen Beförderung nicht stillen könne; und vor jeder Oberleitungsstange bekreuzigt sich die zierliche Jungfer, daß es schier zum Erbarmen ist. Als ich schließlich mit den beiden auf dem alten Markt anlangte, wo gerade Blumenverkauf war, und ihnen von den verschiedenen Arten des Fachwerkbaues einen Vortrag zu halten begann, verließen sie mich, ohne daß ich es recht merkte. Der Riese endete in einer Kneipe am Domhof und die Jungfer in einem Beichtstuhl in der Godehardikirche.

Ich stand nachdenklich an einem Gerüst, das vor einem zu renovierenden alten geschnitzten Hause aufgeschlagen war. Ein Holzschneider war beschäftigt, die Keil- und Strichornamente fein säuberlich auszuschnitzen, und die Arbeit mit dem Messer und Hammer ging sehr schnell. Von Zeit zu Zeit wechselte er das Messer, von dem die verschiedensten Exemplare in der Leiter des Gerüstes aufgesteckt waren. Er hatte keine Ahnung, mit welchem immensen, unerschöpflichen Wissen ich sein Werk betrachtete, das für die heimatliche Erhaltung uralter Ornamente so charakteristisch war — Ornamente, die unabhängig von allen offiziellen Stilen in den Sitzmöbeln der Niedersachsen und den Hausfassaden der Obersachsen jahrhundertelang dieselben geblieben waren. Die Hildesheimer Häuser, wenn sie den einfachsten städtischen Typus geben, begnügen sich mit diesen Schnitzereien auf den Balken, die sich höchstens bis zu einer Rosettenform versteigen. Je nobler sie aber sind, desto mehr zeigen sie die Einflüsse der Renaissance, und doch haben sie diese südliche Kunstart so mit ihrem eigenen Wesen zu vermischen verstanden, daß es etwas ganz Echtes gibt. Die alte italienische Straße, wie man sie in Siena oder Padua sieht, ist eine Begrenzung des Weges mit geraden Mauern, in denen einige Türen und Fenster Löcher gelassen haben. Das Gesims tritt der Rahmenwirkung wegen stark hervor, aber das Dach liegt leicht auf, wenn es nicht ganz flach ist. Die deutsche Straße hat das entgegengesetzte Gesicht. Die Häuser brüsten sich vor Innerlichkeit. Ein schönes Tor führt einladend durch hallende Gewölbe zu sorgsam geschnitzten Treppen. Jedes Stockwerk kragt sich über das untere vor, als ob es die süße Last von Kultur und Intimität kaum noch tragen könnte. An seiner Fassade sind artige Schnitzereien und Bemalungen, die einen bürgerlichen Fleiß verraten. Die Konsolen, welche die vorkragenden Balken halten, sind verziert und reliefiert und endigen gern in Köpfen. Die Flächen zwischen diesen Konsolen sind in ärmeren Fällen mit einer Art bräunlichem Linoleummuster bemalt, in reicheren haben sie richtige Bilder mit allerlei tugendsamen Allegorien; und da diese Bilder gegen Licht und Wetter geschützt liegen, haben sie sich gehalten. Friese und Reliefbilder laufen an den Stockwerken entlang, meist sitzende Tugenden und Moralitäten mit einem Inschriftstreifen, die von den besten Absichten der Baumeister und Bauherren zeugen. Oben aber sitzt ein ungeheures, in den Himmel wachsendes Dach aus roten Ziegeln wie eine gewaltige Schlafmütze. Schaut man auf diese Straßen von einem Hügel in der Nähe der Stadt hinunter, so scheint es eine Gesellschaft friedlich schlafender Heimstätten, die sich in krummen Zügen zueinander gefunden haben, ihre Bewohner liebevoll zudecken und nur von Zeit zu Zeit ihren Atem durch die Schornsteine leise und ruhig aufsteigen lassen. Aus der Herde mit den roten auf und ab steigenden Rücken ragt bisweilen ein grüner Turm empor, die Kirchen, die die Wächter sind. Kaum stört ein Schlot, der sich an die Stelle der alten Mühlen vor den Toren gesetzt hat, die Illusion der hohen Perspektive. Wenn wir aber unten wandern, brauchen wir oft die Phantasie, um die Lücken zu füllen, die ein hannoverscher Neubau oder eine Berliner Ecke geschlagen hat. Und doch, wenn es in Brügge heute kaum einen Gesichtspunkt gibt, der nicht durch die Einmischung eines Schieferdaches oder einer Fabrikmauer den malerischen Prospekt der alten Architektur gestört zeigt, so kann man in Hildesheim noch viel reine Bilder genießen, entzückende Ensembles von Torbogen, Kirchplätzen, Häuserecken und Brunnen. Es ist nicht Prag, in dem römische Kultur und deutsche Intimität eine ganz einzige Mischung fanden, es ist nicht Nürnberg, das die Folge malerischer Typen in Brücken, Häusern, Kirchen und Burgen in dichtester Schönheit entwickelt, sondern es ist gute, behagliche, mittlere Wohnungsstimmung, von einer leichten Wolke romanischen Weihrauchs und nordischen Märchenzaubers umweht. Ich sah die Osterstraße lang, den reizenden krummen Zug verschieden nivellierter roter Dächer. Eine Reihe von zwanzig Planwagen stand davor in gemütlichen Zwischenräumen. Sie waren leer, und die Pferde vertrieben sich die Fliegen. Sie warteten auf das Ende des Marktes, und so warten sie schon dreihundert Jahre und mehr.

Wer bawen will an freier straßen
mus sich viel unnütz Geswetz nicht irren lassen —
liest man am alten Rolandsspital, und mancher Mann mag sich die Lehre gesagt sein lassen, nur nicht der Kunsthistoriker, wenn er vor dem soge-

nannten Templerhaus des Hildesheimer Marktes steht. Das ist ein alter gotischer Steinbau, der, abgesehen von einem netten Erker, den beruhigenden Beweis gibt, daß auch die Alten ordentlich vorbeihauen konnten. Das Haus hat unglückliche Fenster, die sich schmerzlich nach Venedig sehnen, und ein unmögliches Dach mit zwei Türmen, ein paar als Ornament verwendeten Fensterrahmen und einigen Fialen, die auf einer geraden Linie sich wie Sperlinge niedergelassen haben. In der Umgegend von Hirschberg im Riesengebirge sieht man an Ladenschildern und Holzschnitzereien die grausenerregende Störung, die die moderne Sezessionsstilwut in dem Gehirn eines Hermsdorfer Professionisten hervorgerufen hat. Er verseuchte die Umgegend mit seinen Mißverständnissen in einem ebenso unverzeihlichen wie hartnäckigen dörflichen Snobismus. So hat sich einst der Erbauer dieses Hauses an der Gotik den Magen verdorben. Ohne Sinn und Verstand würfelt er deren Details zusammen, als ob er sie auf einem Abbruch gekauft hätte. Ein treffliches altes „Gegenbeispiel", gegen das die Beispiele des famosen Knochenhauerhauses und des eleganten Wedekindhauses am selben Markt um so verdienstvoller abstechen. Das Wedekindhaus verbindet mit dem Fachwerktypus die Risalitbildung vorspringender Seitenteile. Das Knochenhauerhaus setzt das Vorkragesystem weit in den spitzen Giebel hinauf fort. Es ist übersät mit der krausen, beziehungsreichen, phantastischen Ornamentik deutschen Kleinmeistertums und gilt für den König seiner Gattung. Mit den Drachen und Dämonen seiner Friese kann man sich stundenlang amüsieren, wie mit den Hexengeschichten und Volkskarikaturen, die auf dem berühmtesten Goslarer Hause, genannt das Brusttuch, geschnitzelt sind. Es muß dazu regnen. Man muß unter dem triefenden Schirm stehen, von allen Seiten gepufft und gestoßen werden und mit dem Eifer eines deutschen Pfingstreisenden die Fischleiber und Hexenkörper dieser Walpurgisnächte analysieren.

Neben dieser Knochenhauerperiode, die nun ihre vierhundert Jahre alt ist, hat Hildesheim seine nun neunhundert Jahre alte Bernwardperiode. Eigentümliche alte mondäne Kultur umfängt uns. Auf einem Zweige des großen römisch-katholischen Baumes sitzt ein Vögelchen tief im Norden, in den sächsischen Wäldern, und freut sich seines Lebens. Die byzantinische Kultur neigt sich ihrem Ende zu, noch schläft die Welt im großen dekorativen Traume des ersten christlichen Jahrtausends, ein Alp weckt sie auf, ein Angstschrei um den Weltuntergang, da regen sich hier und dort die Hände, eine zweite Natur will geschaffen werden, Kunst wird empfunden und gearbeitet, und die byzantinische Welt geht wirklich unter, um dem realistischen Jahrtausend zu weichen, das wieder einem anderen weichen wird . . . Bischof Bernward liebt die Kunst. In seinem Barbarenlande läßt er Türen gießen, die in einzelnen getrennten Figuren mit naiv deutlich vorgestreckten Köpfen Szenen aus der Bibel darstellen.

Die Tür, einst in der Michaeliskirche, geht jetzt im Dom auf Rollen. Sie ist häßlich wie ein Unikum: ein gewaltiger Wille und ein kindliches Können. Die große Antike ist spurlos vergessen, die neue Zeit noch kaum geahnt. Nur eine Kraft regt sich, eine Form des Wohllebens, der Machtfreude, man macht sich allerlei zu tun, Gießereien werden eingerichtet, Ziegeleien gebaut, Künstler empfangen, sie hören von Byzanz, vom Orient. Indessen werden prachtvoll monotone Kirchen errichtet, nach dem Muster des Südens. Die Michaelskirche, die Godehardikirche, der Dom, Ausklänge römischen Wesens, die man romanischen Stil nennt, die Dekadenz Roms, ehe der große moderne Baugedanke der Gotik im Norden entdeckt wird. Man amüsiert sich mit Bogenfriesen, mit Kapitellvariationen, „Stützenwechseln", ob zwei Säulen und ein Pfeiler, ob zwei Pfeiler und eine Säule. Noch ahnt man nicht, daß Pfeiler und Säule bestimmt sind, je nach ihrer Funktion im Mittel- oder Seitenschiff sich als konstruktive Glieder auszubilden. In der Michaelskirche ist die romanische Decke restauriert: die Feldereinteilung der Vorfahren Christi, ein Thema, aus dem später Michelangelo in der Sixtina eine künstlerische Weltanschauung machte. Die Godehardikirche ist erneuert mit den schiefen Säulen, die vom Alter schwach geworden sind, aber ihre heilige Pflicht nicht aufgeben wollen. Der Dom — mit dem berühmten üppigen, aber geschmacklosen Domschatz — ist in alle späteren Stile hineingewachsen und liegt als ehrwürdige graugrüne Masse, mannigfach durch Vorhallen gegliedert, auf dem stillen bepflanzten Platze. Tausendjährige Ruhe atmet sein Kreuzgang mit den heiteren doppelten Arkaden. Ein tausendjähriger Friedhof liegt da, um die Annenkapelle herum, auf dem sich die Kirchenfürsten von ihren künstlerischen Bestrebungen ausruhen. Der tausendjährige Rosenstrauch steigt aus der Krypta empor und verzweigt sich am Chor. Die Wurzel ist hoch überschüttet mit frischer Erde. Tonröhren führen ihr Luft zu. Täfelchen mit Jahreszahlen hängen an den einzelnen Trieben. Ein Photograph nimmt die Angelegenheit von der Stelle des Brunograbsteins aus auf. Eine Engländerin fragt den Küster nach elektrischen Montierungen für Verkleinerungen der berühmten Radkrone im Dom, die das himmlische Jerusalem darstellt und für den deutschen Reichstag kopiert wurde. Aber es ist doch schön an dieser Stelle. Durch alle Restaurationen hindurch leuchtet der Rock des heiligen Bernward in einem mystischen historischen Glanze. Die Möbelfabrikanten haben sein sarazenisches Webemuster für die Bezüge von Polstermöbeln verwendet. Aber es ist doch schön. Es ist irgend etwas nicht tot zu machen.

Ich hätte in Hannoversch-Münden aussteigen sollen, diesem idyllischen Winkel an der Ecke der Werra und Fulda, wo um ein altes Schloß sich wie die Vasallen die Fachwerke gruppieren und weit in die Wiesen an den Flußufern hinaus die Biederkeit der Gesinnung tragen. Es standen so freundliche Menschen auf dem Bahnhofe, die Mädchen blickten so seltsam in den Zug und vergaßen die Kinder, die zwischen der An- und Abfahrt Fangen spielten. Man könnte an den Ufern gehen und in die Rückseiten der alten morschen Bauten sehen, wie sie uns Viktor Freudemann gemalt hat, und hinter den Fensterblumen Schicksale beobachten und sich einbilden . . . Aber mich hatte wahrhaftig der Kulturteufel gepackt. Ich mußte nach Kassel. Ich mußte die Rembrandts sehen und die Wilhelmshöhe, eine der Lücken der Bildung stopfen. So saß ich denn abends in einem stillen Lokal und fühlte den Hochmut des Bildungsreisenden. In solchen Stimmungen wird man unausstehlich. Man sitzt gegenüber dem Theater und grinst in sich hinein, daß man es nicht zu besuchen und keine Kritiken zu schreiben braucht. Man belächelt die eifrigen Leute, die eine Pause benutzen, um hier drüben schnell ein Glas Bier zu trinken. Man liest ein Stadtblatt und freut sich, wenn dem Sonntagsfeuilletonisten sein Ragout mißlungen ist. Er hatte über den Bierboykott zu schreiben, der gerade diese Stadt in große Aufregung versetzte. Die Gastwirte verlangten mehr, die Gäste wollten es nicht zahlen. Es ist die ernste Absicht unserer Stammtischler, stand im Blatte, heute abend den Wirten die Stirn zu bieten. Mancher Mann wird manchen Mann vergeblich suchen. Ich stellte mir die Gefühle dieser armen Märtyrer vor. Und mancher trat in das Lokal, spähte um die Ecke und verschwand. Wird es so günstig ausgehen wie bei den bierstolzen Münchnern? Es war ein großes Unglück.

Aber die Sorgen des Lebens vergessen sich am leichtesten in der Bildergalerie. Diese Museen sehen überall gleich aus, man fühlt kein Klima, keine Fremde, keine Einsamkeit. Sie haben etwas Kosmopolitisches; natürlich nur, wenn sie als Museen gebaut sind. Ist ein Rathaus benutzt wie in Harlem oder ein Palast wie in Florenz, so kommt man um die eigene Stimmung schwer herum. Und das sind dann die richtigen Museen, in denen man nichts von Magazin fühlt, nichts von dem „Museumscharakter", der darin besteht, ein langweiliges Erdgeschoß und ein gemütlicheres Obergeschoß zu trennen und die Bilder so anzuhäufen, daß es einer außerordentlichen Energie bedarf, um das einzelne für sich zu genießen. Die Erholungen dieser Bilderkasernen sind gewöhnlich die Fenster, die selbst im Berliner Kaiser-Friedrich-Museum eine malerische Perspektive gestatten. In Kassel ist der Blick aus dem Museum der lohnendste von der ganzen Welt. Es liegt auf der Anhöhe der „Schönen Aussicht", die einige sehr bemerkenswerte Biedermeierhäuschen trägt, und man blickt tief hinunter über die grünen Anlagen der Aue in die weite Landschaft hinein. Man kann an Jerome denken, der da unten hauste, und überhaupt so an die Zeitläufe mit Thüringen, Hessen, Preußen, eine Mischung, die der Stadt fast jeden Dialekt und Charakter nahm. Es ist in ihr etwas von Deutschland, da in den engen Straßen an der Fulda, wo auch auf einer kinderlärmenden Gasse das Haus in Schwindscher Lieblichkeit steht, in dem die Grimms die Märchen niederschrieben, etwas von Paris in den Marmorbädern und Kanalalleen des Augartens, etwas von Rom in der Ausnutzung des Habichtberges als einer Art Albanergebirges und etwas von Holland in den stillen, geraden Straßen der Oberneustadt und den regelmäßigen Plätzen, von denen der runde Königsplatz durch einige moderne Bauten (natürlich auch die Post) um seine ganze liebliche, frauenhafte Kranzanmut gebracht ist.

Holland und Flamland sind auch die Signatur des Museums. Man kann in Kassel und in Braunschweig auf eine sehr angenehme Art seine niederländischen Kenntnisse ausbessern. Diese beiden Sammlungen bewahren einen auserlesenen Schatz von übersichtlicher Ausdehnung, nicht so gewaltig wie ein hauptstädtisches Museum, aber reich an kleinen Überraschungen und eindringlichen Schönheiten. Rembrandtketzer sind in ihnen vielleicht eher zu bekehren als in Berlin oder München. Sie müssen sich konzentrieren. Wir waren in Braunschweig, als mein Freund mir ungeniert erklärte, die Rembrandtsche Weise gehe ihm nicht ein. Er habe kein Organ für dieses Wühlen in Farben ohne sinnliche Gegenständlichkeit. Er brauche den unmittelbaren Kontakt, die scharfe Linie, die komponierte Stofflichkeit. Wir standen vor dem

Familienbilde, in dem der Meister im Gegensatz zu den Sitten und Ansprüchen seiner Zeit eine Frau in einem roten Kleide, ein Kind in Rosa, ein Mädchen, früchtetragend, in mattem Grün schilderte und den schwarzen Vater in den Hintergrund stellte. Ihm war die Familie zu einem Modell für seine Kostüm- und Farbenphantasien geworden. Ich berauschte mich mit ihm und versuchte diesen seelischen Vorgang zu enthüllen, ich zeigte auf alle die schwarzen Konventionsbildnisse ringsherum, ich warb um die Kostümschönheit dieser Mutter und Kinder, ich wollte sie in einer orientalischen Farbenvision aufleuchten lassen. Mein Freund blieb ohne Reaktion. Wir hatten uns umgedreht und andere Sachen durchgesehen. Plötzlich brach die Sonne hervor. Ich atmete stärker, als ich auf das Bild zurücksah, ich drehte den anderen um, und er schrie ganz leise. Von diesem Augenblick war eine Seele für den Propheten des Lichtes gewonnen.

In Braunschweig ist dieser gewaltige Rembrandt neben der Gewitterlandschaft und dem schummerigen lesenden Mann von allerlei Raritäten umgeben, der Ostadeschen Verkündigung mit den Bauern, dem eleganten ersten Menschenpaar von Palma, der Salvator-Rosaschen dämonisch überschatteten Kreuzabnahme, dem Leydenschen Selbstporträt, der Rubensschen Judith. In Kassel ist das Interesse koordinierter. Bald überlegen wir uns, daß das große Rembrandtbild mit dem leuchtenden Bett, auf dem Jakob die Josefskinder segnet, in unserem Lande wohl das beste Exemplar seiner späteren breitflüssigen Manier ist, die man sonst nur in London und Petersburg gut sieht. Dann aber verweilen wir vielleicht mit einem noch innigeren Behagen vor jenem kleinen Mädchenkopf, der zuerst so unscheinbar bleiben will, um mit jedem Blick dann ins Unendliche zu wachsen, ein rassiges, nicht unjüdisches Gesicht, mit etwas starken Backenknochen, mit etwas bohemefreiem Kostüm, mit etwas phantastischem Haar, in jenen türkisch blauen und grünen Tönen, die sich in Gold baden, souverän hingestrichen, die Rembrandts Eigentum sind: Visionen, von einer enormen Gestaltungskraft gebannt.

Dieses Bildchen ist das Erlebnis der Kasseler Galerie, denn man kann es nicht begreifen, ohne es gesehen zu haben, und der animalische Blick dieses Wesens verfolgt uns noch lange, wenn wir des Meisters berühmtes spätreifes Bruyningporträt studieren, das lebensgroß nur den sprechenden Kopf ins Licht stellt, seine kleine feine Holzhackerfamilie, die das intime Leben eines Bauernhauses hinter einem leise zurückgezogenen Vorhang zeigt, daß wir ahnen sollen, es seien keine Holländer, sondern eine heilige Gemeinschaft, eine Bühne des Mysteriums, so sehr auch die Katze auf dem Boden schnurrt. Und immer verfolgen uns die Augen des Mädchens, bei des Meisters Ruinenlandschaft, bei seinem behelmten Kopf, bei dem roten Hut seiner Saskia, bei all den oft genannten und abgebildeten

Niederländern, den merkwürdig lustigen Feldarbeitern Wouvermanns, den Karikaturen des Teniers, der grotesken Petribefreiung des Benjamin Cuyp, bei den Halsschen Pickelheringen und Schlapphutmännern, den weißseidenen Lautenistinnen des Terborch, die sich über die liebliche Papageiencourtisane des Netscher und das vornehme blaue Gartenfräulein des van der Tempel in die galanten Rokokodamen des Kasseler Spezialisten Böttner auflösen. Wo bleibt die kühle Sachlichkeit? Jordaens' große Festgelage der brüderlichen Satyrn und Bauern, die ganze fette Rubensgegend einschließlich der van Dyckschen Madonna mit der Magdalena, die unter seine früheren sehr erträglichen religiösen Bilder gehört, reizen auf einige Augenblicke, aber schon blicken wieder die Rembrandtaugen um die Ecke und locken ins Unergründliche. Diese Amsterdamer Mignon macht uns melancholisch — was sagten wir, die Kasseler Galerie sei koordinierter? Es ist doch immer ein Bild, das uns in jedem Museum alles aufsaugt, eine Erinnerung an unerfüllte Lebenstriebe, an Rauschesstunden der Kunst, an süße Illusionen, die uns mit Bildern erfolgreicher die Sehnsucht aufstacheln und lösen läßt als mit der zuckenden Laune der Menschen. Lebt wohl, ihr ahnungsvollen Augen, es ist Zeit zur Wilhelmshöhe, blaue galante Damen, ich hebe eure Hände und bitte euch, diese Stunden draußen im Freien mit mir zu vertändeln, während ich euch nicht sage, daß abends meine diademgeschmückte, kettenbehangene Orientalin zu Hause auf mich wartet.

Durch die Campagna geht es in gerader Linie auf die Berge zu, aber sonntägliche Kasseler lärmen auf den vorstädtischen Villenstraßen. Da liegt das chinesische Dorf Mulang, aber schlechte moderne Landhäuser stehen an seiner Stelle und schmücken sich mit seinem exotischen Namen. Das große runde Schloß kommt näher und näher, und wenn es auch nicht wie Herrenhausen durch blaue Gardinen die Reflexe italienischer Himmel vortäuscht, so ist doch sein Fürstentum schlafen gegangen und Sanatorien mit elektrischen Verbindungsbahnen lauern im seitlichen Hinterhalt. Ein unendlicher romantischer Park umfängt uns, von pittoresken Baumhalbinseln am Schloßteich bis hinauf in den Wald, der sich nicht zu aufdringlich mit Ritterburgen und Wasserfällen, den trivialsten aller Landschaftsschauspiele, schmückt. Man kann spazieren gehen. Man kann sich verlaufen. Es ist viel Friede und Waldeszauber dort. Dann aber beginnt das Theater, nicht die Herrenhausenschen Parkkulissen mit den grüngestrichenen Göttinnen als versteinertem Ballett, sondern die große Adoration von Rom, Riesenkaskaden von barocken Wegen flankiert, von Fontänen und Vexierwassern unterbrochen, das hessische Frascati in einer Dimension, wie man sie bei uns nicht zum zweiten Mal findet. Man keucht in Vasallendemut hinauf. Ein gewaltiger Tempel empfängt uns, drei Stockwerke von Arkaden, in denen die Schritte dröhnen wie im Kolosseum, tief unten das Reservoir, hoch oben der kupfergetriebene Herkules, in dessen Keule die Nimmersatten hinaufsteigen. Mächtig schlägt unser Renaissanceherz. Sklaven haben dies geschichtet. Von blutigem Gelde ist es gezahlt. Der Wotan von Hessen stand oben und sah den fürstlichen geraden Scheitel hinab über die Wassersprünge und Wiesen und Alleen bis ins Herz der Stadt. Walhalla ist zur Oper geworden, und die Fremden machen ihre Hochzeitsreise zum Herkules. Wenn sie aber gefühlvoll sein sollten und die Angst der alten Fürsten über sie käme, brauchen sie sich nur umzudrehen. Was sieht man über die Wilhelmshöhe hinaus? Ohne jede Demonstration läuft da im selben Niveau eine ganz gemeine Harzer Käselandschaft weiter. Man lacht. So war alles, alles nur Fassade. Kreischend fliehen die blauen Damen in die Galerie zurück.

Meine Stunde schlägt, und ich kann Goslar nur noch nennen, zum Abgewöhnen. In Goslar stand ein herrlicher Dom, man hat ihn auf Abbruch verkauft, und es ist eine Vorhalle übriggeblieben, deren stimmungsloses Gerümpel ein geschäftiger Küster erklärt. In Goslar stand ein mächtiges Kaiserhaus, aber es ist bis auf weniges vollkommen neugebaut und mit fürchterlichen Bildern ausgemalt. Das Hildesheimer Kaiserhaus mit seinen bescheidenen Renaissancestatuen und den Kaisermedaillons, deren Nasen die Gassenjungen abschlugen, ist echter. Aber das Goslarer hat jetzt dankbare Theaterstimmung wie die Braunschweiger Burg Dankwarderode, Lohengrin, zweiter Akt. Im übrigen hat die Stadt ein kleines nettes Rathaus, äußerlich traut und treu, so wie in allen diesen Orten, aber auch innerlich altes gutes Handwerk, mit Hirschweibchenkronen und dem Kaisersaal und der Beißkatze, in die störrische Weiber (übrigens zu zweien) gesperrt wurden. Den Saal, in dem die Kaiser ihren Schwur ablegten, malten alte Nürnberger sehr liebevoll aus. Er ist ganz bunt, aber doch harmonisch. Bisweilen sieht man ein Madonnengesichtchen, das mit französischer Eilfertigkeit getupft ist, und das wird wohl Meister Wohlgemut noch nicht gekonnt haben. Ein Brief von Luther liegt da neben einigen Folterwerkzeugen aus, in dem er die Goslarer zur Moral ruft, ein Zeugnis jenes wunderbar kräftigen Stiles, um den wir heutigen Schreiber ihn alle beneiden dürfen. Er meißelt die Worte, er führt die Lanze der Syntax, er trägt das eiserne Visier des zielbewußten Willens, durch das zwei treue Augen blicken. Das geht einem so im Sinne herum. Uns aber legt der Achtermannwirt, der sein Gasthaus im Paulsturm des alten Goslar aufgeschlagen hat, allabendlich auf den Nachttisch zwei gebratene Äpfel.

# DIE ROTE BRUECKE

Die rote Brücke führt über die Bucht einer stillen Villensiedelung hinüber, breit und niedrig, daß nur kleine Boote unter ihr passieren können, aus geradlinig gesetzten Hölzern verstrebt, Quadrate mit Diagonalen und Parallelen, die Hölzer sind landesüblich im schwedischen Rot gestrichen, eine lange, lange Perspektive von kapriziöser Eleganz, die Hiroschige gemalt haben könnte, wenn dieser vielbeschäftigte Künstler noch imstande gewesen wäre, die zahllosen Aufträge, die ihm die moderne Schilderung zuweist, zu übernehmen. An die Brücke, von der von Zeit zu Zeit Treppen hinabführen, lehnen gebauchte Mahagoniboote, die leise auf dem Wasser schaukeln. In Zwischenräumen stehen Bänke. Die Brücke ist der Spaziergang der Umwohner, wenn über die westlichen Fläche hinter der baumbestandenen kleinen Halbinsel die Sonne ihre späten Abendfarben langsam entwickelt, nachdem sie sich überzeugt hat, daß die hellen Julinächte mehr zu der kuriosen Landschaft der Lofoten, als zu diesem menschlich stimmungssatten Schärengarten passen. Über die Brücke radeln junge Mädchen und fliegen weiße Menschen mit Rackets. Die Tennisrufe klingen von dem wassernahen Platz dort an der weißen Villa, die sich in phantastischem Stilübermut aus Schornsteintürmen, Apsiden, Giebeln, Bogendächern zusammensetzt. Eine Dame schießt im Seelenverkäufer unter der Brücke durch, wirft das landende Boot verkehrt auf einen Felsen und verliert sich im Laubengang nach der Villa. Wir sitzen auf der Bank und vertändeln mit der Sonne und den Wellen den Abend. Ein Bettler kommt daher, er hat eine große Reisetasche und zieht zweimal ehrfürchtsvoll seinen Hut bis zur Erde.

Von der Brücke über den Villenhügel laufen mehrere Kreuz- und Querpromenaden, zwischen den Felsen, zwischen den Wäldern, die sich aus Nadelholz und Birken launisch zusammensetzen. Es gibt merkwürdige Birken, die Ulmen zu spielen scheinen, und andere, die nach Art der Kiefern mit einem geraden hohen Stamm aufwachsen, um von oben den Regen ihrer Zweige zu schütteln, wie ein Germanenfräulein. Die Bäume sind in den Ritzen der Felsen gewachsen oder auf der Humusschicht, die sich durch jahrhundertlange Arbeit dort ablagerte. Die wirbelnden Ameisenmengen, die scheinbar unbeschäftigt und doch im Dienste einer höheren Kraft über den Boden ihre Bahnen verfolgen, sind die letzten Schüler dieser Kultur. Wo sie nur Platz fanden, setzten sich die Bäume in die Ritzen. Mit der zähesten Energie vollendeten sie ihre Form auch im kleinsten Maßstabe, bisweilen ein Meter hoch, aber mit all den Charaktereigenschaften richtiger Kiefern, den gedrängten Kronen, den einseitigen Überstürzungen, den hilfeschreienden Ästen. Die Natur sparte nichts, und wenn sie es auch auf winzigstem Raume zusammendrängte. Sie ließ die niedrigen Felsen wie wütende Miniaturtiere ins Wasser fallen, mit zwei gewaltigen Sätzen, so wie dort oben das nördlichste Kap Europas Knivskjör im großen tat. Sie ließ plötzlich kleine Klippen von leicht bewachsenem Granit aus dem Wasser ragen, ein Großes mit zwei Kindern, Klippenfamilien mit Spielzeugkiefern. Sie machte lange und weite Schären mit den üppigen Zauberwäldern von Dalarö, daß man die Straße bis Stockholm durchbauen konnte. Sie machte weite und enge Wasser, die Millionen Möglichkeiten dieser schwimmenden Wälder an der Ostsee, schlanke Fjorde im entsprechenden Maßstab den Sensationen Norwegens nachgebildet, mit Felsabhängen, mit Wiesen, mit Bächen, und sie machte enge Durchfahrten, nicht breiter als für ein mäßiges Segel, um von einem Reich des Schärengartens in ein anderes zu locken. Sie machte Ufer nach dem grandiosen Rivieratypus, aber alles im kleinen, im Maßstab des bürgerlichen Menschen, Schleifenwege und Buchtwege und Bogen und alle die lieben Umwege, die uns die Illusionen des Augenmaßes an den Wassern verschaffen. Sie vergaß auch das

Schilf nicht, hohes dunkelbuschiges Schilf, das sich mit Grandezza wiegt, und vor den Felsen nicht fürchtet. Holzstege führen durch das Schilf, bis man auf einer neuen Insel ist, die man umkreist und umklettert, um an einem kleinen Kap, das jeden Weg verbietet, den Undank dieser launischen Natur zu erfahren.

Ein Weib, von einer Launenhaftigkeit, die man so lange entzückend findet, als sie unser Sommeraufenthalt ist, scheint diese Landschaft von Saltsjöbaden. Oben in Norwegen hat die Natur dieselben Experimente als große Sensation gemacht, plötzliche Inseln, die wie Capri aussehen, blaue Zackenzirkusse, die aus lauter unvermittelten Wasserbergen bestehen, die die Gletscher ins Meer schicken und ihre Spitzen in wütender Silhouette gen Himmel, gottlose Schönheiten, die auch dem rohesten Touristenauge einleuchten. Hier ist aus der Sensation der Esprit der Kultur geworden, aus der Götterdämmerung der Abend, aus Fafner und Fasolt sportliebende Gentlemen, aus den Gletscherjungfrauen kokette Gesellschaftsdamen. Diese Natur unterhält uns, statt zu erschrecken, und sie verführt uns zum Lächeln, statt zur Demut. Vom Belvedere aus causieren wir mit ihr. Wird dort der Wald sich verbreitern? Nein, er fällt plötzlich ins Wasser. Wird dieses Wasser zusammenfließen? Nein, ein Erdrücken trennt es plötzlich und unmotiviert. Ein Schöpfungstag voll Phantasie und Laune. Und man verfolgt von da oben alle die schönen Umwege, die man mit dem Boot machen mußte, um in diesen größten und kleinsten Wassern und Inseln die Spazierfahrten abzurunden. Es war ein süßes kleines rotes Boot, und wir spazierten auf ihm über die Wasser täglich in ein neues Land, in enge Sunde, durch die sich mächtige weiße Dampfer quälen, über weite Flächen, die von Seglern und Motoren durchkreuzt werden, auf einsame Felsklippen zu, an denen die Mädchen der Diana kreischend durch die Bäume huschten, die Kleider abwarfen und ins Wasser liefen, in entlegene Buchten, wo uns fremde Menschen anblickten, und wir stiegen aus und gingen ins Land hinein, zu einem schweigsamen alten Herrenhaus und wußten nicht, was wir sahen, und verstanden die Sprache nicht.

Die Saltsjöbadener aber haben die Sprache dieser Natur wohl verstanden und mit einem seltenen Geschick ihre Kultur darauf gesetzt. Sie begriffen den Witz dieser Duodezausgabe nordischer Landschaft und führten ihn heiter fort. Sie machten überraschend schlängelige Wege, sie überbrückten mit zarten Bogen die Inselchen, sie warfen ganze Parks zwischen die Felsen, sie sprangen von einer Schäre zur andern und setzten ihre Holzhäuser auf die Felsen, die sie mit Fahnenstangen und Telephonstangen akzentuierten. Sie schrieben Dampferstationen mit großen Lettern auf die Felswände und sprengten den Granit für die kleine Bahn an den Seen. Das große Hotel an der breiten Front der Yachtbucht und die Restauration auf der kleinen Insel im Baggenssee bauten sie in schwedischer

Renaissance, gelb mit roten Türmen, sie bauten auch im braunen nordischen Stil und in der alten grauen Holzmanier, aber sie gingen schnell genug zu der modernen englischen Weise über, die ihnen die originellsten Aufgaben stellte, wenn sie sie mit dem rotgestrichenen heimischen Holzbau verbanden. Hinter diesen Zäunen mit den schrägen Lattenmotiven, den Kandelabermotiven, den Herzmotiven, den Astmotiven, den Balken auf Steinen, hinter den Pförtnerhäuschen und Gärtnerwohnungen erhebt sich manches Landhaus über den Felsen, von staunenswerter Reife des Baugefühls: reizende Treppenvestibüle, gut gesetzte Fenster, wohlige Erker, zartgestreifte Geländer, empfundene Proportionen. Wie lieblich das in dieser anregenden Natur steht! Wie natürlich es gefühlt und wie anspruchslos es ausgeführt ist! Wir saßen in unserm hübschen kleinen, von Westmann gebauten Sommerhotel, da auf der Felsspitze der Insel, und dachten an die heimatlichen Hotels. Ein Holzhaus, über Eck gebaut, weiße und braune Latten, Ziegeldach, innen rot paneelierte Gänge, einfarbige Wände, Bettnischen, Garderobevorräume, Möbel im wienerisch-englischen Geschmack, gestreifte einfache Vorhänge vor den niedrigen breiten Fenstern, gewachste Dielen, deren Muster die gewöhnlichsten Astringe waren, lustige Altanen und Dachecken und Giebelbalkons mit weitem, weitem Blick durch Baumwipfel auf den graziösen Garten dieser Schären: mußte es uns nicht wie eine Entdeckung sein?

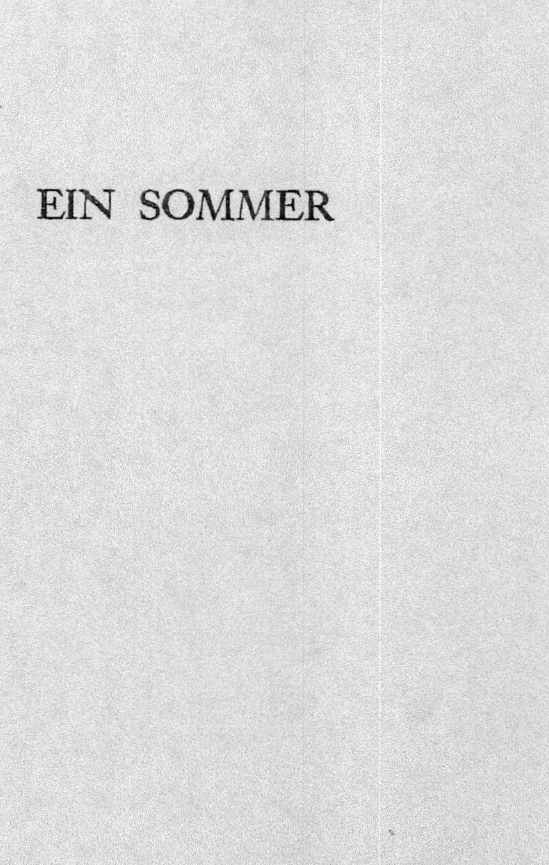

# EIN SOMMER

## Der weiße Flins

Voriges Jahr war es eine rote Brücke in Schweden, dies Jahr ein weißer Quarzfelsen im Isergebirge. Es kommt auf dasselbe heraus. Man verliert sich nicht auf Reisen, das ist wahr, aber man verliert die Umgebungen und Reflexe, und dadurch gewinnt man sich. Was hilft es, sich an feste Dinge zu klammern, wenn wir immer wieder einzusehen haben, daß sie nicht fest bleiben, niemals uns ganz gehören werden und nur die Illusionen einer Heimat uns schaffen. Im Winter denken wir, als Besitzer auf der Erde zu sein; im Sommer merken wir, daß wir nur Mieter sind. An unserer Bildung arbeiten wir so stückweise, daß wir erröten müßten, zwänge uns jemand, die Wahrheit zu gestehen. An der Wissenschaft verzweifeln wir in ihrer Anmaßung, Vollkommenes zu geben, die doch nur ein Sport schwacher Geister bleibt, um durch Begriffe Schöpfungen zu ersetzen. Die Autos tuten auf den

Straßen, jedes seine eigenen paar Töne, und hat eines die Terzsirene, so ist sie verstimmt als Sekunde oder Quart. Schön ist es, wenn sie mit zufälligen Oktaven hintereinander rasen, dann streicht etwas wie römisches Schlachttubenblasen durch die Luft. Aber bald kommen in die C's und F's die Cis und Fis hinein, mit der ganzen Frechheit rücksichtsloser Chauffeure, die von der Dissonanzen-Kultur der modernen Symphonie nur die äußeren Umrisse ahnt. Und jedes tutet seine Tute und denkt, daß sein Ton der einzig rechte ist, und rast, als ob sein Geschäft nicht ein Spiel wäre: ein Börsensturz, ein politisches Extrablatt, eine erkrankte Sängerin. Berlin hat zweifellos die meisten Autos. Jede gemeine Droschke. Fort, fort!

Hier oben ist eine brausende Stille. Der gewaltige weiße Quarzfelsen ragt gegen den Himmel, von furchtsamen Kiefern umgeben. Die Wolken tanzen ganz tief, und von Zeit zu Zeit werfen sie ihre nebligen Schleier um mich. Der Sturm donnert in einzelnen Stößen herüber. Es ist eine alte Götzenstelle: ein wendischer Götze, namens Flins, hat von hier dieser Gegend den Namen gegeben, in der wir jetzt so lieblich wohnen, Heuduft atmen und Eierkuchen essen. Unter mir wogt ein Meer von Wäldern, die noch nicht allzu berührt sind. Durch einen verbogenen Wald, weglos, kam ich hier herauf, dessen Bäumen jahrhundertelange Stürme phantastische Formen gaben, gespenstisches Händeringen und tückisches Rumpfbiegen. Ich hörte Rufe, die keine waren; Schritte, die keine waren; alle die Geisterstimmen, die wir nur dann hören, wenn wir in seltenen Stunden der großen Natur nahe sind, die wir dann hören mit einem zweiten Ohr, ganz zuversichtlich, daß diese uralte Täuschung die Wahrheit sei. Der weiße Flins aber ist wie das leer gewordene Bassin eines Wasserfalls, den die Götter für das heutige Geschlecht nicht mehr für lohnend halten. Jetzt haben die Leute weiße Quarzsteine herausgebrochen, durchsichtig wie italienischer Marmor. Und in einer verschwiegenen Ecke tropft nur minutenweise ein leiser, klingender Tropfen herab, wie das Ticken einer Ewigkeitsuhr. Tropft und tropft. Ich lief den halben Tag, in der Unruhe nach diesem Blick der Mutter. Jetzt sitze ich allein hier stundenlang und esse mein Brot. Kein Mensch weiß, daß ich jetzt hier sitze. Ich denke an nichts Bestimmtes, eine Großstadt zerkocht in mir. Und indem ich diesen chaotischen Zustand mit Wonne genieße, darf ich hoffen, ich armes Menschenkind, ein wenig vor Dir, o Götze, zu bestehn?

## Lübeck

Ein heißer Sommersonntag hat die Stadt ausgefegt. Im Glanze des blauen Himmels, im Schatten der grünen Bäume liegt die rote Stadt schweigend da, wie für den Wanderer aufgebaut, der einen

Unterricht in norddeutschen Vorbildern für Architektur und Kunstgewerbe genießen soll. Menschenleer laufen die Straßen zum Fluß herunter mit den Backsteingiebeln, die so oft nachgemacht wurden, den Terracottareliefs und Glasurverzierungen. Am Holstentor schwanken noch ein paar Reste alter Kaufhäuser, die nicht leben und nicht sterben können, vom unbarmherzigen Geiste der Konservatoren aufrecht erhalten und tief erbebend von jedem Stoß der nahen Eisenbahn. Wie gut wirkt der Backstein in solchen roten Massen, wie einheitlich, wenn man von dem Mühlenteiche auf diese roten Burgenkirchen hinübersieht. Denn es ist sehr heiß, man sitzt da lange am Mühlenteiche und denkt mit Schrecken an die Sehenswürdigkeiten, Küster, die führen, Fremde, die fragen, Bilder, die finster sind. Es hilft nichts, man muß lernen. Guten Morgen ihr Alten da, vor dem Heiligen-Geist-Hospital. Sie sitzen und warten auf das Ende und sehen den weißen Mädchen nach, die nach Israelsdorf fahren. Sie haben ausgelernt. Friedlich liegt ein schöner Hof in der Glockengießergasse, mit guten Ecken und Winkeln und breiten weißen Fenstern und Bäumen, und Töchtern, die vor den Türen sitzen und nähen. Sie haben die Bildung nicht nötig, und sie glauben noch an die Zeitungen. Ich krieche um den Hof herum, wage nicht hereinzutreten, denn selbst Neugierde zu wecken, würde diese Sonntagsstille stören. So schleiche ich in den Dom und in die Marienkirche und habe die starke

Empfindung, daß sie sehr kühl sind. Ich sehe wie im Traum den Memlingaltar, auf dem ich den Lilientopf bei der Maria sehr schön finde und den noblen schwarzen Herrn S. Egidius und die rote Kapuze des einen Totengräbers, ich sehe die Schifferknoten im Eisenwerk der Kanzel, die heut gottlob niemand nachmachen kann, die oft kopierten Lüsterengel und den gänzlich unerlaubten Adam und Eva am Lettnerkruzifix und die vielen merkwürdigen ziselierten Bronzeplatten, die in kostbarer, unpraktischer Verschwendung alte Gräber decken. Vor dem Marienaltar in der Briefkapelle behauptet ein botanischer Professor, es könne nicht niederländische Arbeit sein, weil Lübecker Blumen drauf gemalt wären. Ist der Gedanke so entsetzlich, daß ein Niederländer in Lübeck Lübecker Blumen malt? Im Dom ist Orgelkonzert, und der Organist spielt moderne französische Stücke, es ist ein seraphischer Gesang von Guilmant, aber die Harfenimitation gelingt ihm nicht. Der Botaniker und die schlecht gespielte Harfe treiben mich wieder in die stille Stadt hinaus. Nur an Eines erinnere ich mich noch. Die Kriegsstube im Rathaus, die niemals eine gewesen ist, und den ganzen Ungeschmack der Renaissance an Intarsienpracht zeigt. Führer erklären am liebsten Intarsien. Auf dem Tische der Kriegsstube sitzt eine Amerikanerin, schwarz, bleich, schmal. Sie sitzt wie eine Statue, denn sie ist müde. Der Führer bietet ihr einen Stuhl an. „Haben Sie das andere schon alles gesehn, Madame?" Sie bleibt stumm sitzen auf dem Tisch. Der alte Führer schüttelt den Kopf. Und sie sitzt wie die Statue der Melancholie auf dem Tisch der Kriegsstube, oder wie das siebzehnte Jahrhundert, oder wie die Wissenschaft, schwarz und bleich und stumm. Sie ist schön.

## Die Turbine

Auf dem Dampfer „Kaiser" fahre ich nach Helgoland. Es ist der erste deutsche Turbinendampfer, und es heißt, daß die Hamburg-Amerikalinie ihn auf der Nordsee für spätere Fahrten von New York nach Indien ausprobiert. Nach Indien! Vorläufig fahre ich nach Helgoland und strecke mich in der Nähe besagter Turbine aus. Ich verstehe mich nicht auf die Mechanik, aber musikalisch muß ich diese Turbine dem Rad und der Schraube entschieden vorziehen. Die Schraube und das Rad haben primitive Rhythmen, Stoßer, die Wilden zum Tanze aufspielen könnten. Wenn sie singen wollen, singen sie ohrzerreißend, wie jene Maschine der „Freia", die von Swinemünde bis Binz sich dauernd damit beschäftigte, eine Quinte auf- und abzulaufen, die die Artikulation eines hingerichteten Schweines hätte sein können. Sie machte dabei so dilettantisch eine Fermate auf ihrem höchsten Tone, als ob es ein italienisches Schwein sei. Nein, die Turbine ist gebildeter. Sie singt gut und schön, sie singt mich in verschlafene Paradiese ein. Sie singt den Anfang vom

Rheingold. Erst das tiefe Es, dann das B dazu, und dann steigt sie im reinen Dur und in der reinen Skala langsam hinauf, wie eine fortgesetzte Gesangsübung Poseidons. Hat sie eine gewisse Höhe erreicht, so tut sie sich auf diesen Effekt nichts zugute, sondern fällt sofort wieder melodisch herab, um einen Ton tiefer dasselbe Spiel zu beginnen. Wie schön und weise ist dieses Des-dur nach dem Es. Die Oktaven- und Quintenverbote der alten Schule kennt die Turbine nicht, sie kehrt zurück zur Parallelharmonie der Natur, die unsere modernen Musiker mit den Zigeunern wieder lieben und, wie Bizet in der Djamileh (nach Indien!) oder Puccini in der japanischen Butterfly, zu einer exotischen, weltfernen Mystik benutzen. Wagner im Rheingold wußte noch etwas von diesen Geistern über den Wassern, die er in reinen Akkorden und Skalen schweben ließ, aus der Urharmonie sich differenzierend. Als er die Götterdämmerung schrieb, waren die Rheintöchter aus Kindern schon junge Damen geworden und schmückten sich mit chromatischen Schleifen, Terzenbändern und Perlenketten rollender Sexten. Was aber das Meer ist, weiß allein Tristan, der sterbende. Schubert konturierte in seinen Wasserliedern den Horizont leicht in der Ferne; Mendelssohn legte das Wasser in der Hebridenmusik mit denselben blauen Flächen an, die das Feuer der Walküre nur rot wiederholt; die geisterhaften, unfruchtbaren Tristanintervalle, die in das Leere atmen, sind sein Ebenbild. Habt ihr je im Segelboot allein draußen auf offener See gelegen, wenn der Wind durch die Taue und Maste streicht? Ihr hört deutlich Bässe und Gesänge, Harmonien und Melodien und Instrumente, die noch nicht geboren zu sein scheinen und doch den Zauber ihrer beseelten Ordnung schon in sich tragen: ungewordene Symphonien, die wie eine Vision verfliegen, sobald ihr nur ein einziges Wort sprecht.

## Dünen

Das Gebirge gibt uns die vergangene Natur, das Meer die werdende. Erfrischt uns jenes durch die Sicherheit seiner Begründung und die liebliche Mischung zivilisierter Wohnung mit einer seelenvollen Tradition der Erde, so dieses durch den Wandel der Elemente und die Größe des Prozesses, in denen die menschliche Siedlung, mit Burgen und Fähnchen, wie ein Witz eingeschaltet ist, der das Gemüt beruhigt. Jenes ermüdet auf die Dauer durch die starre Unveränderlichkeit seiner Formen, dies gewinnt durch die sich bildenden seelischen Parallelismen. In Sylt spielen die Elemente in fast ungebundener Freiheit. Keine Sandbank hindert nach Westen, nach Nordwesten ist unabsehbares Wasser. Der Wind stürmt mit voller Gewalt und regt die Wellen auf und treibt noch den letzten lagernden Schaum der sich überholenden Kämme in die Luft. Unverzüglich wiederholt das Land die

Formationen des Wassers, indem es sie festigt. Der Wind, ein geschäftiger Vermittler, treibt die Elemente ineinander über. Als Zwischenglied bildet er die Wanderdünen. Die festeren Dünen aber versuchen die Wellen bis ins kleinste nachzuahmen, ihre Berge und Täler, ihre Strudel und Netze, ihre Kuppen und Flächen, eine Gebirgsformation des Wassers, die dieses sich selbst als festes Ebenbild schuf. Dünen und Wellen sind dasselbe, nur durch Zeit und Material geschieden; das Wasser ist der Rhythmus der Erde, die Erde das Maß des Wassers. In der Gegend von List sind die Dünen so rein und ursprünglich herausgekommen, daß sie Alpenminiaturen werden. Sandfelder statt der Eisfelder, Sandtrichter statt der Gletscher, Kuppen statt der Spitzen, Haidetäler statt der Flußlinien. Aus der bunten Haide steigen die Dünen mit der Illusion großer einsamer Gebirgsketten auf, in ihrem eignen Lichte täuschend, ein Effekt der Berge, der die Augen zu falschen Perspektiven verleitet. Und von oben gesehn, täuscht diese Mondgebirgslandschaft nicht bloß die Menschen. Wildenten ziehen von Norwegen dort herüber, die die Sehnsucht nach dem Süden tragen. Vielleicht scheint ihnen dieses schon der Vorgeschmack der Alpen. Kleine Süßwasserseen leuchten zu ihnen herauf, den Enzian haben sie entdeckt, um die Seen stehen lauschige Bäume und nickende Sumpfpflanzen, ein kleines Paradies für Augen, die schon des Südens voll sind. Sie senken sich herab und finden Gesellschaft —

zahme Spitzel dieses Vogelkojenwärters, den ein Aktienkapital bezahlt. Auf dem See treiben sie sich herum, tun sich gütlich mit den Kameraden, lassen sich vom Winde vergnüglich in einen der Kanäle treiben, ahnungslos, daß das Netz über ihnen gespannt ist, daß der Wärter durch Kulissenlöcher grinsend ihre Naivität beobachtet, und sie gleiten enger und enger ins Netz — ein Griff, und der Mörder dreht ihnen den Hals um. Es gibt Kanäle nach allen Seiten, und jeder Kanal endigt in einem Netz. Zu Tausenden werden sie exportiert, die den Süden im Herzen trugen und sich von dieser falschen Welt locken ließen. Im Winter kommt das Meer, im Frühling kommen die Glockenblumen, im Sommer die Gäste, im Herbst die Enten. Ein Kreislauf der Zerstörung von Natur zu Kultur. Drüben aber im Osten liegt das greisenhafte Wattenmeer in dumpfer Ebbe über verschütteten Hoffnungen, ein paar Riesenfindlinge blieben träge aus der Eiszeit in der Marsch stecken, auf dem Meeresboden schlafen Dörfer zwischen den Ewigkeiten, und die Insel erwartet ihr Schicksal.

## Häuser

Die alten und die neuen friesischen Häuser sind die härtesten Beispiele und Gegenbeispiele, die man finden kann, dicht nebeneinander. In Altwesterland, bei der Kirche, in der Nähe der schönen Mühle, die durch keinen modernen Anbau, wie die weithin sichtbare Keitumer, verdorben ist, steht das alte Boyssensche Haus, ein Prachtexemplar des Bauernstils, der mit einem natürlich-logischen Sinn für Raumausnutzung die intime Liebe zur künstlerischen Kleinigkeit verband: Notwendigkeiten, die in stiller Zeit zu Schönheiten reiften. Die Schindeldächer wachsen steilgieblig auf über dem Bodenfenster, das die Mitte der breiten Front vertikal hochführt, und sie lagern sich über der homerisch breittorigen Scheune, die um die Ecke des Wohnhauses zurückliegt: wodurch wunderbare Profile entstehen, in die Licht und Schatten ihre wechselnden Töne einmalen. Friedlichzopfige Schwingungen der Schrank- und Türaufsätze, die breiten in den Bau einbegriffenen Fenster, die Anker, die als Jahreszahlen der Erbauung stilisiert sind, die ruhigen Farben des alten roten Backsteins und der sauber gestrichenen Holzteile stellen in untrüglichen Proportionen dies breitgelagerte Haus in die flache Landschaft. In Keitum ist ein schönes altfriesisches Haus museal erhalten: echter Kachelbelag, eingebaute Betten, trauliche Durchpaneelierung, gemütliche Fenster und der ganze aufgehäufte Apparat an Erinnerungen der alten Seefahrer, die zu ihren bemalten Hochzeitsschachteln und zinnenen Gefäßen aus Italien die Stiche nach den fernen Wundern der Malerei heimbrachten, französische bunte Kupfer mit dem Weltstadtleben des Palais Royal, chinesische Porzellane und die Chronik der Stadt London.

Man kann beobachten, wie die Ankerzahlen von 1750 bis 1850 allmählich schlechter werden, zuletzt hat man sogar das Verbrechen begangen, sie mit dem ganzen Haus anzustreichen. Gegenüber von Boyssen steht ein modernes Haus mit gemaltem Keilschnitt und stechendroten Dachziegeln. Gemalte Kacheln sind eine verbreitete Sünde. Selbst im fernen List unten, Frau Sara Pahl und Herr Sören Paulsen haben sich von der Fremdenkrankheit nicht ganz freihalten können, wenn auch die honette Frau mit dem Romannamen in den Fragen der Verpflegung noch herzlich patriarchalisch geblieben ist. Westerland, der große Badeort, hat sich aus der modernen Verlegenheit gar nicht retten können. Das altfriesische Haus eignet sich zur massiven, isolierten Einzelwirtschaft. Einen gedrängten Badeort zu bauen, hat man keine Kunst finden können. Neben geringen Versuchen einiger gebildeter Architekten setzt sich der Ort aus falschen Palästen und notdürftigen Backsteinkasernen zusammen. Wie schade. Wie schön, licht, freundlich, behaglich und einfach komfortabel könnte ein modernes Seebad gebaut sein. Wir haben noch keines. Die holländischen gewinnen vielfach durch die malerische ererbte Architektur des Landes, die sie aber nicht fortzusetzen wußten. Die belgischen zeigen hinter der geschminkten Fassade allerlei Dessous im Bazarstil oder Industrieschwindel. Westende, der letzte Vorort von Ostende, ist eine Seltenheit: eine durchgeführte moderne Architektur, aber wiederum so bewußt, daß sie in der ersten Woche gefällt, in der zweiten gleichgültig, in der dritten kokett wird.

## Lektüre

Die Weltliteratur im Strandkorb wird aphoristisch. Unser Gehirn macht seine Ferien, indem es die Klippe des Leichtsinns, der wir im Berufe täglich aus dem Wege zu gehen haben, zu seinem Sommeraufenthalt wählt. Es genießt die Oberflächlichkeit und polkt Rosinen. Die Rosinen bringt uns der moderne Büchermarkt nur gar zu geschwind auf die Tische. Er liebt über die Maßen die Anthologien des Weltgeistes und hilft unserer Bequemlichkeit auf eine reizende Weise nach, indem er durch eine geschickte Regie (und Verdeutschung) die Faulheit um ihren Schmerz betrügt. Es sind viele Titel erfunden worden für diese Literaturperlen: „Statuen deutscher Kultur", die bei Beck erscheinen, oder die Pipersche „Fruchtschale", oder der Julius Bardsche Hortus deliciarum, die Pantheonausgaben, die Inselklassiker, die Diederichsschen Erzieher und mancherlei Verstreutes. Koffer und Tasche beklagt sich nicht über sie, und der Geist am wenigsten.

Die Germania des Tacitus steht am Anfang der bisher errichteten „Statuen". Weiß nicht, warum mein Sinn gerade an seinen Zeilen hängen bleibt, wo er von diesem nördlichen Meer spricht, das beständig in träger, unbeweglicher Ruhe liegt. Sehr wahrscheinlich, sagt er, ist dort das Ende der Welt, denn der letzte Schein der untergehenden Sonne bleibt bis zum Morgen so hell, daß er die Sterne verdunkelt. Nach der Fabel hört man sogar das Brausen der aufgehenden Sonne, sieht die Sonnenrosse und das leuchtende Gesicht Apollos. Jedenfalls aber ist, wenn nicht alles trügt, dort die Grenze alles Lebens.

An dieser Grenze alles Lebens gehe ich in den Hortus deliciarum, Dantes Vita nuova zu lesen. Scholastik und Wahrheit, Mathematik und Seele treffen sich auf der Scheide der Weltalter. Unter dem Zauber der mystischen Neun sieht der Dichter seine Geliebte wandeln, grüßt sie, sieht sie sterben. Er zählt seine Gedanken über die Leiden der Liebe an den Fingern auf, um sich zum Mitleid flüchten zu dürfen. Er gibt Analysen seiner eignen Sonette, in denen sich sein Gefühl verdichtet, und läßt sie dann beiseite, wenn die Sonette schön genug sind, durch sich selbst verständlich zu sein. Er erklärt loyal seine Verpflichtungen, aus dem Erleben Verse zu gewinnen, und seine literarische Mission; aber wenn ihn der Freund nach dem Grunde seiner Verwirrung fragt, antwortet er: „Ich hatte den Fuß in jenen Teil des Lebens gesetzt, über welchen hinaus man nicht weiter gehen kann, so man willens ist, wieder zurückzukehren."

„Um im Gesang die Seele zu befreien" . . .

Boccaccios Fiametta in der neuen Inselübersetzung kommt mir in die Hand. Die Liebe ein Menschenalter später. Wie ist sie phrasenhaft und leer geworden, aus einem Kupferstich ein Schabkunstblatt. Ein Dichter rächt sich für sein Unglück mit der Fiktion eines fremden Unglücks? Bepackt mit Mythologien expliziert Fiametta eine Liebe, von der man einzig ihr glauben wird, daß sie sie nie fühlte.

Drei Jahrhunderte später schreibt Ninon de Lenclos ihre Liebesbriefe. Indem sie Unterricht darin gibt, erlebt sie den eignen Roman. Aus dem mythologischen Archiv ist ein Archiv des Lebens geworden, überraschend feine und blitzend facettierte Beobachtungen aus dem Kampf der Geschlechter, in ein gewisses barockes System des Louis XIV.-Stils gebracht und dennoch im System erlebt. Dante kam von der Schule zum Leben, diese umgekehrt. Jenem brachte die Liebe die Form, dieser die Form die Liebe.

Lächeln wir darüber mit La Rochefoucauld: „Der Kopf ist stets der Narr des Herzens." Don Juan in der Hölle wäre sicher davon überzeugt, wenn ihn nicht der Teufel, wie man bei Shaw gelesen hat, in den Himmel triebe. Er ist jetzt der Meinung, daß das Gehirn ein Steuermann der Lebenskraft sei, und müßte den Shaw des siebzehnten Jahrhunderts, La Rochefoucauld studieren, um einzusehn, daß es nur der Rechtsanwalt ihrer Eitelkeit ist. „Manche Menschen sind so erfüllt von sich, daß sie, wenn sie verliebt sind, zwar die

Möglichkeit finden, sich mit ihrer Leidenschaft, nicht aber mit der geliebten Person zu beschäftigen." Wenn man den Autor sucht, der Freundschaft, Liebe, Beständigkeit und jede Philosophie auf den nackten Instinkt zurückführt, so ist es dieser. Die Tugenden sind die Täuschungen der Instinkte und unsere Handlungen sind wie Endreime, auf die die anderen sich ihren Vers machen. Arme Beatrice.

Daß die großen Gedanken allein aus dem Herzen kommen, drückt hundert Jahre später Vauvenargues nur etwas schärfer aus, als La Rochefoucauld. Die fortschreitende Zeit befreit die Liebenden und ihre Philosophen von dem Schema der Unmoral, das die Lenclos und ihre Altersgenossen noch ererbten. Der Kopf wird mehr und mehr ein Instrument, das Herz die Freistatt der Instinkte. La Rochefoucauld ist noch ein Unmoralist, Vauvenargues schon ein Verehrer ungebrochener Lebensart. In seinen Maximen ist kein System mehr, sondern nur Witz gegen die Wissenschaft, die Sachlichkeit, die Gleichheit und gegen die Maxime selbst, die niemals stimmt. Es ist die weite menschliche Komödie, in der die Liebe von dem tollsten aller Akteure, dem Egoismus, gespielt und von dem frivolsten aller Kritiker, dem Philosophen, beurteilt wird. Wie ein dritter großer Maximenschreiber des alten Frankreich, Nicolas Chamfort, sagt: „In der Liebe ist alles wahr und alles falsch. Sie ist das einzige Ding, über das man nichts Absurdes sagen kann."

## Der Jäger

C'est la vie. Man macht sich in diesem Leben eine Leidenschaft, wenn man vom Beruf sich erholen will. Nein, man sucht überhaupt eine Leidenschaft, wenn man sie nicht besitzt. Denn sie erhält am Leben. Es ist gleich, ob es ein Buch, eine Frau oder ein Seehund ist. Jeder Stoff in der weiten Welt wartet auf seinen Gestalter, jede Frau auf ihren Liebhaber, jeder Seehund auf seinen Jäger, und umgekehrt. Diese zwei Pole engagieren sich magnetisch, und man versucht das System der Vorsehung, indem man den Kontakt herstellt. Die Hindernisse sind die Emotion, die wir brauchen. Auf dem Roulett in Monte Carlo liegt in jeder Sekunde ein Gewinn, der auf seinen Erlöser wartet. In jeder Sekunde tritt einer heran, der sich für den Berufenen hält. Aber das Schicksal weiß genau, in welchem Augenblick innerhalb dieser Millionen von erwartungsvoll schweigenden Versuchen der Kontakt gelingt. Millionen von Seehunden schwimmen in den Meeren. Einer von ihnen ist für den Jäger bestimmt. Keiner von beiden weiß, welcher für ihn ausersehen ist. Der Seehund hält jedes Segel, jeden Menschenlaut für die Destination; so lange er sie fürchtet, ist sie es nie. Der Jäger wartet auf jeden Seehundskopf, der aus dem Wasser taucht, und stellt den Kontakt auf die Probe. Darum verliert der Seehund das Spiel. Im Jäger bohrt der Wille des Schicksals, so wie man niemals einen

Menschen von einer Idee besessen gesehen hat. Wenn er die Flinte kauft, wenn er sie ölt, wenn er sich an Tontauben und Glashasen übt, sieht er den ihm bestimmten Seehund. Jeder Humor weicht von ihm, weil es in der Natur keinen gibt. Mit der Schwere Maeterlinckscher Metaphysik geht er auf die Jagd. Bis die Flut fällt, vergehen ihm grausame Stunden. Er möchte hundert Fragen an den Führer stellen, hundert Anzeichen auslegen, aber der Ernst der Mission läßt ihn vorsichtig werden vor jeder Berufung des Zufalls. Der Führer könnte ihm einreden, auf einer Sandbank durchs Fernglas zwanzig Robben liegen zu sehn — er sieht sie und sieht sie in jedem Wellenschaum. Er rudert endlich auf die Sandbank. Der Führer, im Ölzeug, legt sich neben ihn und paddelt wie ein Seehund, womit er die Tiere lockt, die einer erotischen Affäre entgegenzugehn glauben. Sie ahnen nicht, wie recht sie haben. Ein Kopf erscheint, er schießt daneben — dieser war nicht der ihm bestimmte. Er fährt noch einmal hinaus, die ganze Nacht schläft er auf dem Boote, er trifft überhaupt keinen Hund. Er fährt ein drittes Mal, nach einem Sturme, bei frühzeitiger Ebbe. Das Schuhausziehen und Hinwerfen, die aufregenden Vorspiele der Jagden, werden ihm schon gewohnter. Seine ganze Aufmerksamkeit verdichtet sich auf den ersten Kopf, der an der Bank erscheinen wird. Und es erscheint der Kopf. Wie ein Mensch blickt er ihn an, mit dem dumpfen, tiefen Gefühle, daß dies sein Mörder ist, der aus der Welt an seine Bank kam. Er unterwirft sich unbewußt dem Schicksal, und der Jäger schießt, ebenso ohne Bewußtsein, wie ein Werkzeug des Schicksals, automatisch dem großen Moment gehorchend, den er mit Aufbietung aller Bewußtheit herbeigeführt hat. Er hat getroffen. Der Seehund liegt im Boot. Der Jäger wird langsam ruhig, die Sinne und das Gehirn funktionieren wieder, der gewöhnliche Blutstrom zirkuliert. Den toten Hund sieht er mit einer zärtlichen und stillen Liebe an. Er ist ein Möbel geworden für seine Stube. Er wird ihm nicht einmal einen Namen geben.

## Meister Francke

Die Hamburger Kunsthalle, die Lichtwark mit einem Glück leitet, dem nur seine Bescheidenheit gleichkommt, ist insofern das merkwürdigste Museum der Welt, als es die besten Werke des ältesten und die besten des jüngsten deutschen Meisters enthält: Bertram und Liebermann. Fünfhundert Jahre sind dazwischen. Nirgends ist Liebermann so zu studieren in Porträts, holländer Szenen und Pastellen, nirgends gibt es aber auch eine solche Uberraschung wie Meister Bertram, der erste deutsche Maler, den wir kennen, und dessen Entdeckungsgeschichte zu schön und sonderbar ist, als daß ich sie jetzt so schnell erzählen möchte. Bertram vereint mit dem Sinn für das realistisch Einzelne den

Schönheitsgeist des vierzehnten Jahrhunderts, der ja in Süditalien und Frankreich zu einem ersten Klassizismus führte.

Sein Nachfolger in Hamburg (das nun plötzlich an der Spitze der norddeutschen Kunstgeschichte steht) ist Meister Francke. Eine ganz verschiedene Natur. Francke ist kein Detaillist, sondern ein feiner Kenner der Komplexität des Lebens, dessen Verwirrung er durch einen ausgeprägten Formsinn, durch ein fabelhaftes dekoratives Talent versöhnt. Also: er ist ein Mensch und Künstler von modernen Qualitäten. Bertram ist wichtiger vielleicht, Francke ist größer; Bertram ist ein Unikum, Francke unser Bruder. Die Mienen seiner Heiligen sind wie Erinnerungen an Realitäten, die man aus einem Traume heraushebt. Die drei Ritter, die neben dem sterbenden heiligen Thomas stehen, sind voll von jener shakespeareschen Wirklichkeit, die uns auf den Bildern späterer Niederländer frappiert und in Rembrandts letzten Werken Vision wird. Maria auf der Anbetung sieht aus dem Bilde heraus mit einem Blick, einer Miene, die von der Würde der Byzantiner und ihrer Gelehrten himmelweit entfernt ist: ein Gesicht, das ein Künstler etwa im Marktgewirr der Straße plötzlich aufleuchten sieht, starr in seiner mystischen Sündhaftigkeit, das ihn fortan in seine Nächte verfolgt, Sphinx seiner Sehnsucht, die Orientalin aus Tanger, die Sulamith seiner Kirche. Die Geißelung Christi ist zwischen Bauten hinter eine Balustrade komponiert, die Kreuzschleppung als erregter dramatischer Zug, die heiligen Frauen unterm Kreuz als Regiegruppe mit vielfach verschlungenen zarten Händen und wohlgesetzten Köpfen, daß wir nicht genug Musik und Rhythmus dieser primitiven Malerei bewundern können. Fliesen sind als Interieurreflexe gemalt, Wiesen als Teppiche mit lederartigem Glanz. Magdalena ist in Teegrün gekleidet, mit langen darüberfließenden goldenen Strähnen; Thomas blaugrün, von goldenen Mustern überschüttet, durch die der Purpur seines Blutes rinnt. Die Erinnerung bewahrt klare typische Kompositionen in tiefen kultivierten Emailfarben.

Aus dem Hamburger abgebrochenen Dom waren die Bilder nach Schwerin, Leipzig und in die Petrikirche verschollen. Die Petrikirche brannte, Speckter und die Brüder Gensler retteten sie. Moderne Forschung brachte alles nach langen Mühen und Versuchen in Hamburg wieder zusammen. Für das Hauptwerk Franckes, den Thomasaltar, den die Hamburger Englandsfahrer bei ihm bestellten, konnte durch die Abschrift eines Kontraktes 1424 als Datum ermittelt werden. Es ist das Jahr, da der Genter Altar begonnen wurde. Wer wagt noch Kunstgeschichte zu schreiben?

## Bismarckdenkmal

Zwischen den Bäumen der Hamburger Elbhöhe sieht man ihn zuerst aufragen, plötzlich groß, fast panisch. Ein gutes Wahrzeichen dem nahen Hafen, ohne die Pose der Republik, die die Schiffe in New York verließen, sondern sehr kernhaft deutsch und markig, ein Trost für zu weite Horizonte und zu schwanke Wellen. Die Sonne selbst wagt nur hinter seinem Rücken aufzugehen, dann mittäglich gewinnt sie sein Profil und läßt die silberigen Glimmer des Steins aufblitzen und schneidet mit ihrem Lichte seine weiße Silhouette in den Himmel, um abends den sanften roten Glanz ihres Untergangs über die feste Masse zu breiten, zur einzigen Stunde, da sie ihm ins Gesicht sieht. Dieser abendliche Bismarck wird in unseren empfindungsvollen deutschen Seelen fortleben. Denn ist er auch Stein und Denkmal geworden, wir wissen, daß seine Tat auf einem zarten, nervösen, vulkanischen Boden sproßt. Solches Menschliche holt die Sonne aus dem Monument hervor.

Die Größe seines Mythus, die Wucht seines Andenkens ruht allein in dem Stein. Moderne Plastik versucht, was sie auf der linken Seite durch impressionistische Augenillusion erobert, auf der rechten durch tektonische Begründung zu verfestigen. Nicht Willumsens effektvolle Plastikarchitektur oder Minnes detaillierter Schnitt, sondern Schaudt und Lederer machten das moderne Denkmal, das einzig mögliche, die Solidierung der Statue im Bau, eine Renaissance ägyptischer Einheiten. Auf breitem Terrassenbau, zwischen massiven stilisierten Adlern wächst der tektonische Mensch auf, die Beine Säulen, der Mantel Wand, die Fäuste auf dem Schwert Verstrebung, der Rumpf Stamm, der Kopf Turmhelm des Geistes, das Porträt als Blüte, die Menschenähnlichkeit als Lösung. Rodin und Rosso halten den flüchtigen Schein des Lebens fest, Hildebrand und Tuaillon geben dem Tastgefühl Körper, Lederer formt die Vorstellung, den Geist. Aus Blöcken baut er die Figur, die einzige Materialisierung der Geschichte, die man sich gefallen lassen kann.

# DAS WETTER

Dies ist der Rest eines ganzen Buches, der, in die Zirruswolken des Augustmonats aufgelöst, fern am Horizont verschwindet. Noch vor kurzer Zeit hatten die Wolken die schöne Form paralleler weißer Fanfaren, jetzt sehe ich sie vom Strandkorb aus über dem Meere rötlich in Bänder ausgezogen ganz weit, ganz hoch lagern, leise nach Osten sich verflüchtigend, und sie geben mir das reine Gefühl einer unendlich fernen Möglichkeit von Ruhe und Neutralität. Es klopft mich jemand auf die Schulter und fragt: „Na, Professor, wie wird das Wetter?" Ich muß sehr träumerisch ausgesehen haben. Was soll ich antworten? Es wird eine neue Depression im Norden entstehen, der Wind wird wieder aus Süden kommen, über Westen nach Norden wieder umdrehen, es wird regnen und es wird wieder aufhören zu regnen. Die Leute wollen ihre Prophezeiungen haben, vielleicht nur, um darüber zu lächeln. Sie wollen die Illusion der Vorausbestimmung, der Tyrannis über die Zufälle haben. Trifft es zu, fühlen sie sich als Günstlinge der Wissenschaft. Trifft es nicht zu, fühlen sie sich als die Klügeren oder als die Spötter. Es kommt in jedem Falle für sie etwas dabei heraus. Natürlich meinen sie, daß ich den Zirruswolken so lange nachgesehen habe, um das Wetter vorherzusagen.

Es war das Anständigste, sie dabei zu lassen. Ich hätte sonst von mir selbst sprechen müssen und von Plänen und Schicksalen, die sich verloren. Das hätte sie nicht interessiert und wäre als Eitelkeit ausgelegt worden. Ich beschloß also, noch mehr als früher zu prophezeien, da darin immerhin eine Anschauung, eine Erfahrung und ein Wille sich zu erkennen gab. Ich zeigte an eine Stelle des Himmels, an der nichts zu sehen war, und sagte, daß dort morgen die neue Depression sich bilden würde. Was ist das, die Depression? Ach, das ist etwas sehr Einfaches und Alltägliches. Durch irgendeine Überheizung entstehen Differenzen im Luftdruck, hier ist die Luft schwerer, dort leichter. Schwere Luft ist merkwürdigerweise etwas Gutes, leichte etwas Schlechtes. In das Loch des geringen Luftdrucks dringt der stärkere Luftdruck ein. Die Depression will sich ausgleichen. Das macht Wind. Sind die Differenzen sehr groß, ist der Wind sehr stark. Der Wind geht nicht direkt in das Depressionsloch hinein, sondern streicht ein wenig rechts davon vorbei. Oben aber geht er aus dem Loch wieder hinaus, so daß allerlei Wirbel entstehen. Die

Depressionen verflachen sich oder verstärken sich, jedenfalls rücken sie weiter. Ihre Straßen hat man beobachtet. Sie gehn bei uns von Westen nach Osten, in der Regel, und es gibt fünf verschiedene Zugstraßen. Infolge ihrer Bewegung dreht sich der Wind. Aus der dumpfen Schwüle befreit sich der Himmel durch Regen, der Wind nimmt zu, und es kommen die Böen und Schauer, die Aufklärung, und nach größeren oder kleineren Intervallen ein neues Drama, nach dessen Bewegungsakzenten man den Verlauf prophezeien kann. Der Kreislauf des Wassers vom Ozean zum Himmel und zurück ist eine Wiederkehr des Gleichen. Die Wiederkehr der Depressionen ist ein Rhythmus der Luft, wie Ebbe und Flut im Wasser. Die Wolken als die Figuren dieses Dramas haben ihre Temperamente: der Nimbus ist Baß, der Kumulus ist Tenor, der Stratus Alt, der Zirrus Sopran — diese Arten unterschied Howard, heute hat man sie noch geteilt, die Schäfchenwolken ....

Aber mein Lieber, sagen die Leute, das ist ja wie das Leben, das sind ja Menschenschicksale, die Zugstraßen der Depressionen — das ist ja Völkergeschichte, Kultur, das Gesetz der Entwicklung! So muß ich antworten: vielleicht ist es das Leben, aber wer spricht davon? Man tut seine Pflicht und hat sein Gesetz, man wird nicht sentimental und spricht nicht vom Leben. Jetzt eben fängt der neue Südwind an, in Irland muß eine Depression sein, morgen regnet es, es dauert drei Tage. Dann wird Ruhe kommen. Dann vielleicht bei Nordwind ein Landregen, es muß eine Depression in Polen sein, es dauert nicht lange, aber ist heftig. So liebe ich die Wissenschaft und ihre Praxis. Man spricht nicht vom Leben. Amiel sprach freilich davon, von diesem meteorologischen Leben, vielleicht am wundervollsten von allen, aber nur zu sich selbst. „Unser Innenleben beschreibt Kurven, die den Kurven des Barometers gleichen, unabhängig von gelegentlichen Umwälzungen, die die Stürme der Gefühle und der Leidenschaften in uns erzeugen können. Jede Seele hat ihr Klima, ist ihr Klima; sie hat gewissermaßen ihre eigene Meteorologie in der allgemeinen Meteorologie der Seele ..." Wie stark empfand dieser Mensch den April und den Oktober, er schreibt bildstarke Phantasien nieder über ihre seelischen Reflexe. Er beobachtet wie auf psychologischen Wettergläsern die Wandlung der Urteile vom Morgen zum Abend, die Einflüsse der Sonne, die er als Epos bewundert, und des Nebels, den er als Kirchenlied liebt, und die furchtbare Spannung des Tages um die dritte Stunde — „diese Qual des Lichts ist eine seltsame Naturerscheinung; die Sonne, die mitleidslos die Flecken unserer Kleider, die Runzeln unseres Gesichts und unser graues Haar ins hellste Licht rückt, scheint sie mit dem gleichen unbarmherzigen Licht in die kaum verharschten Wunden unseres Herzens?" Wenn Ruskin das schärfste Auge gehabt hat für die soziale Architektur der Landschaft, so hatte Amiel das feinste Ohr für diese seelische Wetterkunde, die er in seine Tagebücher verzeichnete. Nach seinem Tode hat man sie gedruckt, dies Wunderwerk eines zur Abstraktion verfluchten Geistes, der die Abstraktion haßt, der die fürchterliche Erkenntnis der Schwäche besitzt, um in ihren Schönheiten zu versinken.

Ich will Goethes Art mit ihm vergleichen. Seine atmosphärische Genialität war nicht geringer, aber er liebte die festgewordene Tatsache mehr als die hinfließende Empfindung. Er treibt Geologie mit der Natur, mit der Kunst, mit dem Leben: ein tellurischer Charakter, kein aërischer. Goethe und das Meer sind eine zweifelhafte Bekanntschaft; Ebbe und Flut in der Luft zu sehn, muß ihm widerstreben. Die tellurische Auffassung, die er vom Wetter hat, läßt ihn selbst die Wolken als eine Art Geologie der Luft erklären; die atmosphärischen Schichten drücken sich in der Wolkenform aus. Woran er sonst gedacht haben mag, als er Eckermann die Unfähigkeit jener Wolke zum Regen aus zu hohem Luftdruck erklärte (das sind die Wolken, deren Kumulus wie in Wollpäckchen gelagert ist, so daß sie nicht die schönen hängenden Gewitterzitzen bilden können), das geht niemanden etwas an. In seinen Wetterbeobachtungen, die er schon als Reaktion auf die italienische Reise aufzuschreiben begann, die aber nur in Gestalt des Essais von 1825 gedruckt sind, verlangt er das Gesetz und die Wissenschaft. Auch diese Meteorologie hat ihre merkwürdigen Stellen. „Es ist offenbar, daß, was wir Elemente nennen, seinen eigenen wilden wüsten Gang zu nehmen immerhin den Trieb hat. Insofern nun der Mensch den Besitz der Erde ergriffen hat und ihn zu erhalten verpflichtet ist, muß er sich zum Widerstand bereiten und wachsam erhalten. Aber einzelne Vorsichtsmaßregeln sind keineswegs so wirksam, als wenn man dem Regellosen das Gesetz entgegenzustellen vermöchte; und hier hat uns die Natur aufs herrlichste vorgearbeitet, und zwar indem sie ein gestaltetes Leben dem gestaltlosen entgegenstellt." Dieses ist der klassische Boden, auf dem die Meteorologie gewachsen ist. Ich sage: klassisch. Denn 1780 hatte Goethe seine Aphorismen über die Natur geschrieben, die einen romantischen Rausch der Hingabe an das All darstellen, und zwar so konzentriert und so kosmisch, so zugleich Behauptung und Ironie, daß es wenige Seiten von ihm gibt, die diese an Vitalität und Inbrunst übertreffen. Ich lese sie immer wieder und wieder, der Atem stockt mir — was ist da noch zu sagen? Zittern wir vor dem Gesetz.

Das geologische Gesetz in Goethe erkennt die interlokalen Unterschiede, die Differenzen des Barometers an verschiedenen Orten, in verschiedenen Höhen. Aber die Klassik seiner Wetteranschauung verhindert ihn, den meteorologischen Prozeß zu erkennen, das Kommen und Gehen der Minima. Sonderbar, indem er die Erfahrung kommandiert, wird diese selbe Erfahrung nach seiner Zeit unkommandierbar. Das Wetter emanzipiert sich aus dem Tellurischen und wird wieder aërisch und ozeanisch. Man erkennt, das die barischen Differenzen nicht bloß interlokal, sondern auch intertemporal sind. Die Zeit besiegt den Raum. Maxima und Minima bewegen sich, die Isobaren gleiten wellengleich über die Erdkarte, und die Erkenntnis der Gesetze im Produkt weicht der Erkenntnis der Gesetze im Prozeß. Ist das Kulturgeschichte? Ist das Wechsel der Anschauungen? Wo ist die Grenze wieder zwischen dem Gesetz und dem Menschen? Man muß davon schweigen, man soll die täglichen Telegramme der Hamburger Seewarte als Faktoren hinnehmen, die zu multiplizieren sind. Seit der Zeit der neuen Romantik sammelt man die täglichen Wetterbeobachtungen. Der elektrische Draht ermöglicht es. In Hamburg trifft an einem Morgen die chiffrierte Depesche ein: 58218, 54005, 00401, 03547, 12012. Sie sagt: Luftdruck 758,2. Südsüdwest, frisch, bedeckt. Temperatur + 0,12. Feuchtigkeit + 0,4. Niederschlag 1 mm. Maximum seit gestern abend + 3, Minimum — 4. Mehrere Wolkenschichten. Zirri ziehen aus SW, Streifung südöstlich. Den nächsten Tag kommt die nächste. Man vergleicht hunderte von Stationen. Der Prozeß der Wetterbewegung ist deutlich aufzuzeichnen. Nach langer, langer Statistik werden sich die Gesetze zu bewähren haben. Noch ist man dabei, nur die kleinen barischen Wellen zu verzeichnen und die kleinen Wahrscheinlichkeiten zu berechnen. Manchmal denke ich mir, ob diese Schaukeln nicht selbst wieder auf einer größeren Schaukel sitzen, die in größeren Zwischenräumen ebbt und flutet? Es gibt Tendenzen in der Wetterlage. Einmal sind die Depressionsgänge sehr stürmisch, ein andermal genau dieselben sehr zahm: je nachdem Optimismus oder Pessimismus am Himmel steht. Der Ostwind ist ein starker Geselle, der sich drei bis vier Zeiten im Jahre sucht, um seine Herrschaft zu üben; im Januar mit eiskalter, im August mit glühendheißer Hand drückt er die Minima flach, hält sie fest und stiert ihnen so lange ins Gesicht, bis sie alle Zugstraßen uud Niederschläge vergessen und vor seiner Majestät kapitulieren, vor seiner orientalischen Majestät, die das Gesetz über alle westlichen Wandelbarkeiten drohend niederdrückt, und sein Himmel ist ehern, sein Gewitter aber von einer furchtbaren stehenden Gewalt. Über den chiffrierten Wettertelegrammen ziehen größere Bewegungen ihre Kreise, deren Chiffern wir noch nicht lesen können. Von der lokalen Beoabachtung fing es an, in die kosmische wird es münden. Hinter der Bewegung wird wieder das Teleologische erscheinen, wie hinter dem Darwinismus. Das Gesetz soll kommen, laßt das Leben.

Ihr seht mich mit erzürntem Gesicht an, da ich euch in die Wolken zu entschweben scheine. Woher soll ich euch das Gesetz und die Prophezeiung holen? Auf dem Luftballon wird der Prophet jeden

Morgen, mit Barometer und Thermometer bewaffnet, aufsteigen, um alle tausend Meter lang zu messen und bei 4000 Meter in der Zone des gleichmäßigen Luftdrucks anzulangen, der über dem Äquator liegt und nach den Polen regelmäßig abnimmt. Dort ist es sehr kalt. An der Grenze der Atmosphäre, wo die Schwelle des Gesetzes liegt, ist es — 44°. Dann muß das bunte Leben weit, weit unten bleiben.

Niemand merkt die Träne im Auge dieses Luftballonpropheten, der die Menschen täglich sich entschwinden sieht, weil sie von ihm das Gesetz und die Prophezeiung verlangen. Wie sie da munter am Barometer die Prädikate „Regen und Wind" oder „Schön und beständig" oder die große Veränderlichkeit studieren, ohne zu ahnen, wie relativ das alles ist, diese guten Leute, die vom Wetter nichts verstehen und immer „Witterung" sagen, wenn sie sich gelehrt ausdrücken wollen. Wie sie naiv zwischen dem guten, das ist wolkenlosen, und dem schlechten, das ist regnerischen Wetter unterscheiden, bis einige Künstler sie überzeugen, daß das Wetter immer schön ist, weil es immer Element ist. Und sie freuen sich nun im „Peter Camenzind" der wunderbaren Menschwerdung der Wolken, und jubeln, wie die materiellen Wolken der Niederländer bei den Neueren nichts als Licht- und Schattenphänomene geworden sind. Während ihr Prophet in den Äther fährt, genießen sie, unbekümmert um ihre ideale Forderung, das ganze bunte Leben dieser fließenden Gebilde, die sinnliche Schönheit der ersten Maisonne, die wir auf weißen Balkons in unsere Haut einsaugen, des ersten Augustregens, der uns wieder an den Stoffwechsel dieser Welt glauben läßt, des tiefen Schnees, der eine Millionenstadt zu einem Dorfe macht, des leisen langen Oktoberregens, der die Ahnung stiller, ja sogar ehrlicher Arbeit wieder aufdämmern läßt. Sie sind ja keine Landwirte. Es verschlägt ihnen nichts, auf dem Bilde Mackensens den Wind von Osten und den Regen von Westen zu dirigieren, den Sirius mit Daudet im Juli an den Himmel zu stellen, die Venus mit Tolstoj am Abend über die Birken heraufzuführen, den Mond über unmögliche Himmelsgegenden zu schieben und Brangäne die blauen Streifen Cornwalls statt im Osten im Westen sehn zu lassen. Sie nehmen es nicht so ernst. Sie können kaum die Windrichtungen unterscheiden und ahnen nichts von den Schicksalen, die da aus Naturnotwendigkeiten über uns in bestimmten Wegen dahinziehen. Wenn sie etwas Schwarzes oder wenn sie etwas Blaues am Himmel bemerken, so fürchten oder hoffen sie, daß es heraufkommt, auch wenn es eben von uns fortgegangen ist. Seelenvergnügt nehmen sie das Wetter als eine Art harmlosen Fatums, das vor der harten Schule des Lebens den Vorzug voraus hat, daß man sich mit einem Regenschirm oder ein Paar frischen Strümpfen vor seinen Folgen schützen kann.

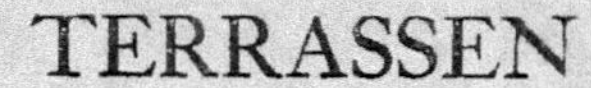

# TERRASSEN

Liebe Freundin. Nein, Sie mißverstehen mich. Ich bin durch die Erfahrungen der letzten Zeit kein Philister geworden, aber ich habe eine seltsame und neue Sehnsucht nach dem Philisterium gewonnen, das mir zum Apparat meines seelischen Stoffwechsels nötig geworden zu sein scheint. Sie kennen die schöne Novelle von Thomas Mann „Tonio Kröger", in der ein junger Künstler geschildert wird, der bei aller Feinfühligkeit seiner ästhetischen Organe und vielleicht gerade deswegen die heimliche Liebe zum hanseatischen Bürgersmann nicht in sich ersticken kann. Wir kommen alle in eine Zeit, da uns diese Illusion des bürgerlichen Glückes, das an einem reinlich gedeckten Tisch sitzt, mindestens als letzte der Illusionen angenehm und nützlich wird, wenn es uns schon bestimmt ist, nicht von Wirklichkeiten, sondern von Träumen zu leben. Als die George Sand starb, sagte sie nicht, wie nur ein römischer Kaiser sagen konnte: Welcher Künstler stirbt in mir! sondern sie sagte: Lebte ich noch einmal, so würde ich mit der Bourgeoisie anfangen. Sollen wir auf diese letzte Stunde warten, in der uns nichts als eine schauspielerische Klage übrig bleibt?

Dieses Wohlgefallen am Volke, das für alle Kultur ein Mutterboden bleibt, etwas wie eine unbewegliche Natur, die alle Phänomene und Lösungen in sich schließt, treibt mich in die Vergnügungen des Sonntags. Überreizt von den Zuspitzungen der Beschäftigung mit künstlerischen Dingen, die alle göttlich ungesund sind, liebe ich es, die einfachen Worte zu hören, die die kleinen Beamten und ihre Frauen in ihre Unterhaltung setzen. Ich gehe langsam, ohne daß sie es merken, hinter den älteren Paaren gesetzten Charakters, hinter den Liebespaaren sonntäglicher Lustigkeit, mische mich in die Ströme dieses Volkes, die der Sonntag wie eine Dampfwolke über die Wege an den Zelten, nach Treptow, nach Halensee ausgießt und höre mit einem Behagen sondergleichen ihre Geständnisse, ihre Renommagen und ihre Hoffnungen. Der Sonntag preßt ihre Glücksgefühle auf wenige Stunden in der Woche zusammen, und es ist wie ein Zwitschern von Vögeln, das sich kettenartig fortsetzt, wenn die kleinen Erzählungen dieser Leute sich durcheinanderflechten in den Tausenden von Strohhüten und weißen Kleidern, die die Chaussee rechts und links sich abends gegen die Stadt wälzen.

Ich war gestern in dem großen neuen Terrassenlokal, das Aschinger, der Monopolist des Berliner Magens, in Halensee hat bauen lassen. Es ist das Großartigste, was von bürgerlichen Amüsements in der letzten Zeit hier gegründet wurde, ein Etablissement in einem römischen Zirkusstil, das sicher an zehntausend Menschen beherbergen kann. Wie hat sich das alles verändert. Sie erinnern sich, wie wir als junge Leute den kaum bebauten Kurfürstendamm hinauspilgerten, um in Halensee mit den Waldwegen zu beginnen, und wie wir in dieser ländlichen Natur, die durch einige ebenso naturwüchsige Tanzlokale belebt wurde, von einem idyllischen Dasein phantasierten, das zu jeder Liebesexaltation gehört. Sie hatten eine schwarze Dreimarkbluse und einen hellen Einmarkhut, und ich wußte noch nichts von allen dekorativen Bewegungen, die unterdessen die Menschen arrogant gemacht haben. Wir sprachen von einem kleinen Haus draußen im Walde, von wenigen Freunden und viel Musik, vom Ausbau des inneren Menschen und von Blumen und Sport und Frühaufstehn — es ist lange her. Das Leben trennte uns, ehe wir es merkten, Sie haben Ihre Kinder gefunden, ich habe einen Beruf gefunden, und nichts bleibt mir als ein bißchen Sentimentalität und Schwermut über das Verfehlte, die ich liebe, wie sie ein Dichter lieben müßte. Wir können das Theater der Welt nicht lenken, aber genießen.

Jetzt ist der Kurfürstendamm beinahe vollgebaut und Halensee eine Spekulation geworden. Der

Unternehmer kaufte ein ganzes Viertel, besetzte es außen mit Wohnhäusern und ließ diese den Zins tragen für das Riesenlokal, das sich auf dem Hinterland der Trockenwohner des Amüsements erstreckte. Ein langer Hallengang, wie ein italienischer Chiostro, führt zu einer Pagode, die oben wie eine Eisspeise von innen beleuchtet ist, und nachdem man diese durchschritten hat, eröffnet sich ein imposanter Blick über vier gewaltige Terrassen, die im Winkel den See umgeben, Riesenzelte, Riesendächer mit Fliesen gedeckt, leuchtende Säulen, eine zweite Pagode an der Ecke, Statuen auf den Zinnen und Rampen, unten der See, drüben die Bahn, in der Mitte eine leuchtende Fontäne, die von Zeit zu Zeit raketenartig in Serpentinfarben aufrauscht, um ihren bunten Regen ins Bassin fallen zu lassen. Es ist ein Bild großer Vergnüglichkeit im weltstädtischen Ausstellungsstil. Ein Bild von jener Kompression der Vergnügungsarten, wie sie ein gewitzter Unternehmer sich ausdenkt: während man seinen Hummer verspeist, spielt das Orchester die Egmontouvertüre, wirft der Springbrunnen seine Strahlenbündel, gondeln Lampionkähne zur Badeanstalt und schauen Apoll von Belvedere und der praxitelische Satyr vom Dache auf die schwatzende Menge hinab. Woran denkt dieser Satyr, wenn er drüben die Lokomotivenpfiffe hört? Sieht er den Schwan über den Halensee ziehen, wenn jetzt die Kapelle den Lohengrin spielt? Denkt er an die fünfzigtausend Mark, mit denen einst ein

Tempel auf der Akropolis gebaut werden konnte, während man hier dieselbe Summe dazu benutzte, einen unerwarteten Morast zuzuschütten, damit der Berliner sich amüsieren könne? Fünfzigtausend Mark für einen Morast und dann erst beginnt der Bau. Der Satyr steht auf den Zinnen und sieht die Terrassen herab, Etage für Etage, oben die heiligen schweigsamen Götter zwischen Oleandern, unten die schmausenden Menschen, erst die oberen Tausend der Weinabteilung, dann die nervösen Pilsener Urquellbesucher, dann die bürgerlichen Verehrer des Augustiner, die schlichten hellen Lagerbiernaturen und tief unten in den Laubengängen am See die glücklichen Nassauer, die nicht essen und nicht trinken und auf weißen Bänken im Dämmer sitzen, Hand in Hand, schweigsam wie droben die Olympier. Der Satyr war einst in London gewesen und hatte sich die Picadillylokale angesehen, die sich von der Schwemme im Keller über die Prix-fixe-Abteilung zum feinsten obersten Diner à la carte entwickeln, und er hatte eine tiefe Vorstellung von der Symbolik aller sozialen Unterschiede der Menschen bekommen.

Die kompakte Masse der Sonntägler erdrückt jede Kritik. Wäre ich nicht als Mensch, sondern als Rezensent dorthin gegangen, ich hätte ein kluges Feuilleton schreiben können über die Sparsamkeit einiger Fontänenstrahlen und der Gasbeleuchtung, die sich durch wirksame elektrische Girlanden hätte verbessern können, hätte über den Klimbimstil dieser Anlage mich weidlich ereifern müssen. Aber ich hatte den Eindruck, daß die Freude dieser zufriedenen Leute an den Einfällen des Unternehmers größer war, als mein kritischer Ehrgeiz, und ich wollte ihnen einmal recht geben. Es schien mir plötzlich jetzt im Juli alles Räsonnement des Winters so kläglich und nüchtern; ich sah Riesendimensionen ein Volk gleichgestimmter Seelen umrahmen, sah Götter und Künste herbeieilen, um ihre Knie vor dem Publikum zu beugen. Wenn ich das meine täglich einmal heimlich beuge — diese taten es offen und schämten sich nicht. Der Sonntag ist ein Fest, an dem alle künstlerischen und technischen Erfindungen und Ideen sich drängen, populär zu werden. Hier sitzen sie in Halensee auf den Terrassen eines römischen Zirkus, nebenan in Hundekehle sitzen sie in einem weltstädtischen Jagdlokal, das mit einem entzückenden Turm über den Wald und das Dominium emporragt und famose Giebel und Sparren und Fachwerke zu einem wohlgelungenen Ensemble vereinigt, präludiert durch ein schönes Tor mit zwei Bronzehirschen. Und dort draußen wieder in Treptow sitzen sie in den Flächen einer künstlichen Abtei, mit Klosterruinen und stillen Büschen und einem schwimmenden Weinrestaurant, das durch Tritonen bedient werden könnte. In der neu gebauten Ausstellungsrestauration der Moabiter Kunstkaserne sitzen sie umgeben von der Eleganz leichten weißen Gitterspiels im französischen Geschmack, in weiten imposanten Verhältnissen angelegt, wieder Terrassen vom Wein übers Bier zum glücklichen Wasser, zum Schaum der Fontäne, wo man im Kreise promeniert und rechts der preußische Militärmarsch, links die Traviata gespielt wird und Damen und Dämchen und Damicellen sich erlustieren, kleine zehnjährige Mädchen, die ihr Gesicht unter dem rosafarbenen Hut herumwerfen und das weiße Kleid über die weißen Schuhe heben, obwohl es schon so kurz ist — o ja, Sie sagten einmal in einer guten Stunde, das Leben sei in der Tat unglaublich schön, man stehe auf und die Sonne leuchtet auf den Balkon, man gehe auf die Straße und sei glücklich über einen graziösen Gürtel unter einer weißen Bluse, man verfolge die Füße einer Frau, man fühle Mut bei einem eleganten Mann, und sehe die Bäume und die Menschen und die Wagen — man sieht das Elend nicht, man sieht nur das Glück, weil das Glück einen Schein hat, das Elend nicht. Nehmen Sie mir es übel, wenn ich jetzt manchmal so dankbar gestimmt bin? Zufriedenheit ist fruchtbarer als Kritik; sie zersetzt sich nicht selbst. Heut ist Sonntag im Herzen, und ich sehe wohlgefällig die Terrassen des Lebens herab, hier oben unter den Abbildern der alten heiteren Götter. Prost!

Ihr unverbesserlicher Ironiker.

# HOTEL

Der Kellner: Bitte hier in den Fahrstuhl.

Der Gast: Wie hoch?

Der Kellner: Erste.

Der Gast: Dann war es kaum nötig.

Der Kellner: Nr. 13, Ecke Linden.

Der Gast: Zeigen Sie mal, Doppeltür, Bad, Toilette, gut. Etwas geräuschvoll, nicht? Ah, Telephon.

Der Kellner: Jetzt um diese Stunde. In der Nacht zwischen 4 und 5 lassen die Autos sicher nach.

Der Gast: Witzig, was? Sind wohl kein richtiger Kellner, sondern ein literarischer?

Der Kellner: Mit Verlaub angestellt, Dialoge zu führen, die unmöglich sind, so daß man sie drucken kann. Bestochen. Bestochen für Honorar, Herr Doktor.

Der Gast: Danke gleichfalls. Also können wir reden und dann teilen.

Der Kellner: Sie könnten zuerst einen Monolog reden, weil dies ganz unwahrscheinlich ist, Herr Philosoph.

Der Gast: Wieso Philosoph?

Der Kellner: Sehe ich am Gepäck.

Der Gast: Der Monolog kommt zuletzt, wenn ich Sie nicht mehr brauche. (Zeichnet sich ein.)

Der Kellner: Ah! Über Sie ist neulich im Verein der Kaufleute ein Vortrag gehalten worden, erinnere ich mich, aber da hatten Sie einen langen Bart und einen Kaftan.

Der Gast: Man wandelt sich. Ich hieß nicht bloß Ahasver, ich hieß auch Holländer. Ich reise. Ich bin der Typus der Heimatlosigkeit und kehre in allen Sagen wieder, so wie Sie auch wiederkehren. Ich brauche Sie, das gehört zusammen. Ich drücke mich gleich bündig aus, damit es im Druck nicht zu lang wird und recht unwahrscheinlich ist. Ich liebe den Luxus der Heimatlosigkeit, das ist meine neueste Phase. Erklären Sie mir, warum ich hierher geschickt wurde.

Der Kellner: Hier wird nicht mehr geklingelt. Das ist die Hauptsache. Man läuft zwar noch auf Gängen hin und her (wie im „Friedensfest"), aber man klingelt nicht mehr. Wünschen Sie den Kellner, so leuchtet es weiß; das Mädchen, rot; den Hausdiener, rotweiß. Ihr Wunsch leuchtet von außen über Ihrer Tür. Sie brauchen Ihr Zimmer nicht zu verlassen; können dort essen, baden, schlafen, arbeiten und mit Paris telephonieren. Wenn Sie es aber vorziehen, im Stile Louis XV. zu schreiben, so setzen Sie sich unten in die mit Boiserien und Tapisserien dekorierten Schreibsäle. Wenn Sie altberlinisch bürgerlich tanzen wollen, gehn Sie in den kleinen Ballsaal mit roten Fenstervorhängen. Wenn Sie aristokratische Bedürfnisse haben, in den großen weißlackierten Saal, der ein höchst zweifelhaftes Gemälde besitzt. Wenn Sie schinkelsch à la carte essen wollen, in den kleinen Speisesaal mit gemalten Intarsien und Mäandern. Wenn Sie sich für neueste Literatur interessieren, in die Bibliothek am tropischen Wintergarten. Ganz vorn ist Bronze. Das ist der style de réception. Bronze mit Buntglas. Der blaue Briefkasten würde stören, man hat ihn auch bronzen gemacht. Wie könnte er blau sein? Denken Sie: ein blauer Briefkasten in einem Bronzesaal. Ganz Berlin flutet durch den Windfang. Man eröffnet das Hotel, das einen Schinkelschen Bau, einen frostigen und akademischen Bau, das Patrizierheim einer ersten Familie, von der Stelle gefegt hat. Der Besitzer bringt ein Kaiserhoch aus, Militär spielt auf, ein prachtvolles Büfett winkt uns. Das ist die loyale Demokratisierung der Demokratie. Einst wohnte an dieser Stelle ein altes Geschlecht in alten Formen, jetzt hat es der Weltbürger erobert, die Technik läßt ihre Wunder um ihn erblühen, Sie drücken, und es leuchtet rot und weiß und rotweiß — doch ich werde pathetisch.

Der Gast: Gewiß, das ist viel leichter, und es ist ein guter Abgang für Sie. (allein) Ich werde schnell auch den pathetischen Monolog halten. Wie abgeklappert komme ich mir als Holländer und Ahasver vor. Ich werde mich gänzlich mausern müssen und will ein Loblied singen auf den Luxus der Heimatlosigkeit. Ich werde fortwährend drücken, rot und weiß und rotweiß — die ganze Welt liegt für mich in diesen drei Menschengruppen! Ist das nicht Berlin? Ist Berlin nicht das Hotel der Hotels? Eine grandiose Technik, ein Zukunftsdrang, ein Luxus aller Gefühle und Ideen, ein Laufen in Gängen und Gleiten in Fahrstühlen und ein Warenhaus aller Bequemlichkeiten und Künste. Und doch heimatlos, heimatlos. Hier sitze ich ohne Haus, ohne Beruf, ohne Familie neben meinen schlechten Koffern. Ich werde auch sie noch überwinden. Die elektrische Lampe brennt auf dem Tisch. Ich werde den Dialog niederschreiben, ehe der Kellner es tut. Ich werde ihn nennen: Omelette à la Schinkel. O, ich glaube, ich habe Hunger. Welche Farbe drücke ich doch?

Das Mädchen: Der Herr befiehlt?

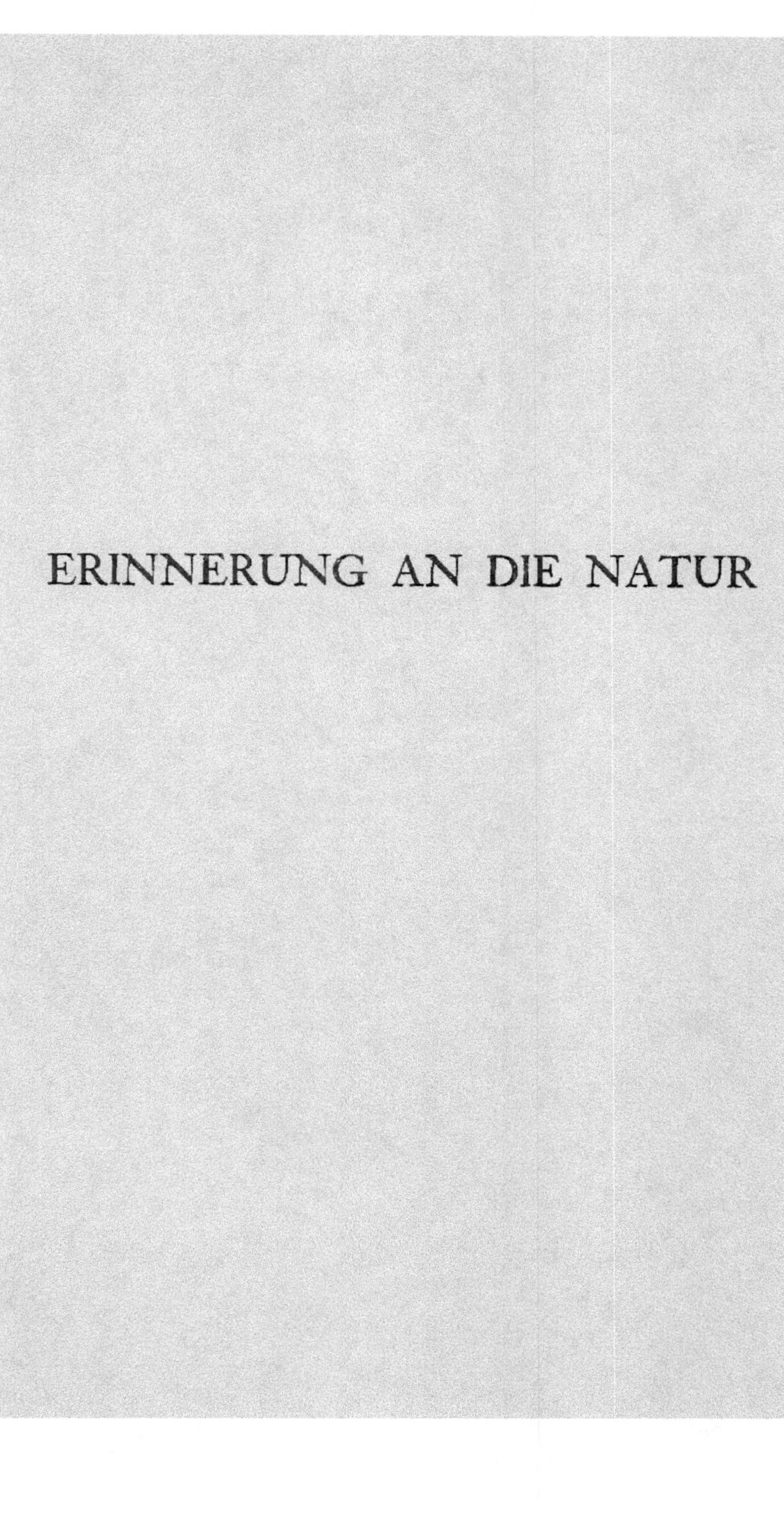

# ERINNERUNG AN DIE NATUR

Ich finde, daß man überhaupt zu sehr von den Wirkungen der Malerei sich beeinflussen läßt, wenn man Schönheiten der Natur sucht, nicht nur von bestimmten Malern. Wie oft hat man darüber gespottet, daß wir in jeder Zwergkiefer einen Hiroshige, in jedem Seerand einen Leistikow, in jedem Möwenzug einen Liljefors erkennen, und erst glücklich sind, wenn wir sie erkannt haben. Nein, wir sehen überhaupt gern zu malerisch, Prospekte und Kulissen und Aussichten sind uns wichtig. Die Formen der Täler scheinen dies zu begünstigen. Sie haben fast alle die Kulissentechnik, staffelförmig vorgeschobene Bergnasen. Das macht Perspektive, es schiebt Prospekt vor Prospekt und schließt gewöhnlich mit einem hohen Berg- oder Gletscherrücken, der den Fond darstellt. Ich bin solche Täler hinaufgegangen und konnte mich dieser malerischen Anordnung nicht erwehren. Am nächsten Tage aber ging ich auf der anderen Seite hinunter und empfand jetzt nicht malerisch gegen das Tal, sondern gleichsam plastisch mit ihm. Das Hochjoch war nicht der Fond, sondern die Quelle, ich ging mit dem Fluß herunter und machte seine Wendungen mit, stark nach links, so daß ich wieder nach rechts hinübergeworfen wurde, stark nach rechts, so daß es links ausschlug, um einen Vorsprung herum, die erste Ahnung von Italienischem in Karthaus, ins Blaugrüne tauchend, von Neuratheis durch eine gepreßte Schlucht ins Vintschgau entlassen. Dieses Herabentwickeltwerden hatte etwas Natürliches gegenüber der Theatersteigerung des Heraufgehens im Ötztal. Das Herauf war eine künstliche Gegenbewegung, ein Publikumseffekt, für mein Gefühl eine letzte Erinnerung an den Berliner Winter, das Hinab war mit der Natur, nichts malerisch Zurechtgestelltes mehr, sondern eine Einheit mit dem Bau und der Bewegung der Alpenwelt. Es zuckte durch die Finger wie Plastik, ich modellierte im Geiste mit der Natur: das war so gesund.

Diese Wirkung wiederholte sich, da ich, die Alpen von Innsbruck bis Genf durchquerend, immer wieder Gelegenheit hatte, Satteljochen entgegenzugehen und von ihnen ins Südliche herabzusteigen. Touristen fühlen sich belebt, wenn sie am frühen Morgen über einen Gletscher auf eine schwierige Spitze gelangen, wobei sie sich durch primitive Genüsse, wie Bellevue oder Sonnenaufgang belohnt wissen. Ich empfand es im Gegenteil als eine außerordentliche Wonne, von der Ferdinandshöhe oder ähnlichen Satteln ins Südliche am Morgen hinabzugehn und die Folge des Schnees, der Felsen, der Bäche, der Bäume, der Blumen, der Häuser und Menschen in der Reihe ihrer Kulturwerdung zu genießen, ich arbeitete dann nicht der Schöpfung entgegen, was ich zu Hause mit aller Analyse und Kritik genügend tat, einschließlich der schönen Aussichten und Sonnenaufgänge, sondern ich machte die Größe der Schöpfung in wenigen Stunden leiblich und mit allen Sinnen durch, wofür ich mich bei einer in jener künstlichen Welt stark entwickelten Sensibilität zu bedanken hatte. Es war wolkenlos, die Sonne umhauchte mich, der Schritt ging leicht hinunter, und an der Grenze saß, die Pfeife rauchend, auf einem Stein der italienische Zollwächter und sagte nur: „Bitte". Noch immer macht uns dies „Bitte" namenlos glücklich.

Sei es, daß es nach Süden ging, zweimal nach Italien, zweimal nach Frankreich, sei es, daß ich mich überhaupt den malerischen Ästhetiken, die alles auf eine Fläche projizieren, immer mehr entwachsen fühlte, ich begann auf diesen Wegen stärker, als ich geahnt, romanisch zu empfinden, möchte sagen baulich-plastisch, so mit den runden Händen um die Dinge herum, die wirklichen Dinge, die tastbaren, derentwegen ich doch hergekommen war. Je stärker sie das Raumgefühl erregten, je intensiver ihre Wirklichkeit sprach, desto unmöglicher erschienen sie als Malerei. Vielleicht haben wir im Leben eine Vorliebe für jene selben orientalischen, verdeckt-sinnlichen, ein wenig schläfrigsüßen Typen mit dem Aroma der Mandel, die in der Malerei Sichels unerträglicher Kitsch geworden sind: unerträglich, weil die Kunst sich hier einen Naturreiz der Frau borgt, den sie nicht durch eigene Phantasiereize zu ersetzen vermag. Dasselbe begehen die Vedutenmaler. Es ist nicht zu leugnen, daß der grüne Schimmer des Genfersees um die Chillonfestung einen faszinierenden Reiz für das Auge in der Natur hat; auf dem Bilde ist es schlimmste Sorte von Publikumseffekt — eben weil es einen in corpore blendenden Eindruck sich für die Wiederholung in effigie borgt. Kunst und Natur sind nicht eines, sondern das Gegenteil. Was in der Natur mächtig uns umlagert, ist auf dem Bilde stumm oder dumm. Die Kunst arbeitet mit Distanzen und Differenzen, um Lücken zu schaffen, die die Phantasie ergänzt, wobei diese die Kunst genießt. Luft, Wetter, Reflex, jede Art Impression sind solche Distanzmittel. Am Ende des Saastals liegt in majestätischer Ruhe, den Abschluß bildend, das schön aufragende Bietschhorn. Es gibt keinen Berg, der auf einem Vedutenbilde kitschiger wäre. Er ist so schön in Wahrheit, daß wir, verdorben wie wir waren, in seinem Anblick oft sagten: er sei Atelierarbeit. Man bedenke diese Gefühlsverwirrung: im Atelier werden, um eine „schöne" Komposition zu erzielen, Berge von so normaler Natürlichkeit in den Fond eines Tales gesetzt, wie sie die Natur nicht kennt oder nicht kennen sollte, weil man sie ihr doch nicht glaubt.

Das Matterhorn habe ich fünfhundertmal gemalt gesehn, aber das half mir nicht das geringste, bis ich es wirklich sah. Ich spreche hier von sehr bekannten Bergen und Tälern, die alle Welt schon gesehen hat. Aber was macht das? Ich will keine Reise erzählen, sondern Erlebnisse, diesmal nun gar nicht vor Bildern, sondern vor der Natur, und wenn ich hoffen dürfte auch diesmal, da ich gegen die Malerei spreche, verwandte Empfindungen zu wecken oder zu stärken, so sind diese Zeilen — geschrieben nun wieder hinauf, der Natur entgegen, bei der Lampe Schein — nicht vergeblich. Damals in der Zermatter Bahn lachte ich über den kleinen deutschen Mann, der seine ersten Genüsse in der Landschaft an einem Wasserfall explizierte: „Nicht wahr, von weitem sieht er wie ein dünner Wollfaden aus, und wenn man nahe kommt, ist er so schrecklich groß". Das war doch gar nicht so übel. Hätte er gesagt: Der Wasserfall ist so schön — so wäre das malerisch primitiv gewesen. Aber er empfand das Mächtige der Wirklichkeit gegenüber dem Schein, und das hätten wir nicht auslachen sollen. Schließlich will ich nur dasselbe mit dem ganzen gesteigerten Bewußtsein des Kulturmenschen. Ob es ein Wasserfall ist oder das Matterhorn oder der wüste Berg, den Cook bestiegen haben soll, ist gleich. Ich will nur erzählen, wie weit weg alle Malerei war, als das Matterhorn sich mir enthüllte, erst die Spitze über Wolken, nein, es war noch nicht die Spitze, noch eine höhere, und jetzt noch eine höhere, und dann der ganze terrassierte Unterbau, aus dem sich dieser königliche Berg erhebt. Ich habe ihn mit Augen greifen gelernt. Er war jeden Morgen noch ein Stück höher, als er am Abend gewesen war, und die Originalität seiner Form wurde ausgeglichen durch die Wahrheit seines Baues, seiner struktiven Funktion. Es gibt keinen Berg wie ihn. Alle Berge haben Spitzchen oder Nadeln oder Buckel, sie machen kleine Nasen oder ahmen Ruinen nach, sie werfen sich und verschlingen sich — dieser Berg stößt sie alle mit unnachahmlicher Wucht herunter, um sich über ihre Formlosigkeit als Herrscher hoch und noch immer höher zu erheben. Ein starker Grat, ein Rückgrat, wächst ihm in seinen Felsenknochen auf, der geht durch bis in die Spitze, von wundervoller Rhythmik, von unweigerlicher Logik. Die Kraft der Natur, die die Erde schuf, ist in ihm stark geblieben bis zum letzten Stein. Und weil die Kraft rein und ungestört blieb, hat sie keine erschreckende oder gespenstische Form geschaffen, sondern die Majestät hat die natürliche Anmut und Heiterkeit behalten. Mußte ich an modernen Möbeln und Geräten das Auge für diese Funktionen bilden, um zur Natur zurückkehren und sie in diesem Verhältnis zu bewundern? Die Malerei konnte es uns nicht lehren. Das Matterhorn mit dem Auge nachzumodellieren, bedurfte einer baulichen Erziehung. Ich scheue mich nicht, es zu sagen: was ich hier schreibe, ist Erinnerung und Gegenkunst – stundenlang dieses einzigen Berges Form in sich einzusaugen, durch sich zu reproduzieren, war eine ethische Stärkung.

Zermatt scheint mir für das plastische Landschaftsgefühl eine vorzügliche Schule. Seine beiden hauptsächlichen Täler, das Z'muttal und das Findelental, sind vollkommene Gegensätze. Das erste kommt vom Matterhorn und Schwarzsee, das zweite vom Gornergrat. Der Gornergrat ist das Berühmteste, was es in dieser ganzen Gegend gibt, und wirklich sehr merkwürdig, weil man auf einem wie von Gletschern gemiedenen Felsgrat mitten in der Wildnis des Eises steht und unter sich und vor sich das prachtvolle Grauen der Erstarrung genießt: ein Typus, der sich auf der anderen Seite des Doms bei der Langen Fluh von Saasfee kleiner wiederholt. Gewiß soll man gegen solche Schönheiten nichts sagen, aber daß der Gornergrat berühmter ist als der Schwarzsee, und daß jener eine Bahn bekommen hat, dieser nicht, beweist nur, daß seine Schönheit dem Kuriositätsempfinden der großen Masse näherkommt als die bauliche des Matterhorns. Man sieht vom Gornergrat die Eismassen des Monte Rosa und die benachbarten Gletscher. Sie sind eine recht formlose Ballung in Kugel- und Kegelmotiven, die nur malerisch wirken, ganz in der Art des Montblanc. Diese Bergmassen haben wenig vertikale Tendenz, wie man den Montblanc als höchsten Berg von Chamonix, das an seinem

Fuße liegt, weniger empfindet als von Genf, das ihm die richtige Perspektive schafft. Gletscher werden heruntergesendet in der gewohnten, schlangenhaften Form, erstarrte Flüsse mit Rechts- und Linksschüben, die in ihrer unteren Hälfte oft schon sehr beschmutzt sind. Die Eigentümlichkeit von Chamonix ist, daß diese Gletscher sowohl bei der Mer de glace als bei den Bossons bis hinab in den Wald gehen und man sie auf Spaziergängen traversiert. Das ist der klare Stülp- und Abflußtypus. Beim Monte Rosa und Montblanc ganz ähnlich. Er ist malerisch, aber er erzieht nicht das Raumgefühl, die Höhenempfindung. Er verdeckt fast das Gebirgliche, die treibende Naturkraft, er ist Rest der Eiszeit, merkwürdig, aber starr, zum Sterben gelagert, ein fossiles Theater — ich mag, offen gestanden, nicht sehr die blaue Brille, durch die man dies besieht. Ich, für meinen Teil, blieb auf dem Gornergrat recht unbewegt. Und nun ging ich das Findelental hinunter. Wie sonderbar: es stimmte genau mit dieser Einstellung. Es ist ein nettes, auf Prospekte, auf Flächenwirkung von der Natur angelegtes Tal, in dessen Abschluß das Matterhorn steht, das hier berufen ist, die Rolle des malerischen Schlußsteins zu spielen, zu der es an sich viel zu gut ist. So unterhielt ich mich mit meinen Bergen und Tälern, behandelte sie nach meinen Neigungen und bemitleidete sie, wenn sie durch das Arrangement eines Weges in eine schiefe Position gerieten. Schließlich bildet der Findelenbach einen großen

Wasserfall, von dem man ein Teilchen Kraft benutzt hat, um damit die Elektrische zum Gornergrat zu treiben. So kehrt der Bach durch eine Umschaltung seiner eignen Kraft zu seiner Quelle zurück. Mir schien dies schon symbolisch und ich hätte länger darüber nachgedacht, wenn nicht die überschüssige Menge des zur Elektrizität nicht gebrauchten Wassers in einem so ungeschickten Fall zur Erde entlassen worden wäre, daß ich lachen mußte.

Das Gegenteil erlebt man drüben in dem andern Tal, das vom Matterhorn über die Staffelalp an der Z'mutt nach Zermatt führt. Auf dem Matterhorn war ich nicht, ich kann das nicht, und ich weiß auch garnicht, ob ich nicht zu landschaftsverliebt bin, um ein rechter Hochtourist sein zu können. Man beobachtet, daß die Hochtouristen oft gar keinen ausgeprägten Landschaftssinn besitzen und, nicht nur im Spaß, von der Betrachtung der Landschaft als etwas Störendem und sogar Gefährlichem sprechen. Ihr moralisches Hochgefühl ist schrankenlos anzuerkennen, und ich möchte jenen baulichplastischen Sinn für die Natur, den ich hier propagiere, zwischen ihre Moral und die primitiven Malerei-Illusionen der gewöhnlichen Reisenden placieren. Dies scheint mein Niveau zu sein. Es reicht bis zum Hörnli, einer famosen Generalprobe, die die Natur zum Matterhorn veranstaltete, indem sie seine Hornform erst einmal daneben in kleinerem Maßstabe, doch mit denselben schönen konstruktiven und architektonischen Verpflichtungen versuchte. Auf dem Hörnli, hingeführt durch eine zauberische Felsaufschüttung, die leichter Schnee bedeckte, habe ich das Matterhorn am nächsten und stärksten erlebt. Die Spitze ragte vor das Auge hinauf, die Form strebte, die Gesetze verkündeten sich. Damit das Weibliche nicht fehle, kokettierten Federwolken mit der Krone des Königs. Hier war nichts Geballtes und Herabgleitendes, kaum hält sich Schnee und Eis auf den glatt aufragenden Flächen. Ich dachte daran, wie wir Tags zuvor das Matterhorn drüben unter dem Gornergrat im Riffelsee sich hatten spiegeln sehen: als ob es dort plötzlich aufstiege, als ob es noch einmal sich nach unten wiederhole — als ob! das ist die malerische Mißerziehung — als ob. Das ist die Kuriosität, die photographiert in den Schaufenstern von Zermatt hängt. Hier gab es kein: als ob. Da stand der Kerl im Raume, den er füllte. Da ward er aus dem Stein geboren. Da glitten unsere optischen Hände an seinem Körper auf und ab, uns mit Naturbau anzufüllen. Und das Tal setzte den Eindruck fort, vermittelte so plastisch, wie ich nie eines gesehen, den Berg in die Fläche. Was die Natur ersinnen kann, um das plastische Problem einer Talniederführung in Staffeln, Vorsprüngen, Terrassen, Schluchten zu lösen, hat sie hier geleistet. An jeder Wendung probierte ich mich. Wie würdest du jetzt diese Ecke auflösen, diese Wand modellieren? Natur übertraf mich immer. Sie ließ keinen toten

Punkt und, bald vorschiebend, bald nachlassend, leicht präludierend, stark stoßend, arbeitete sie jede Nuance der Bergplastik auf ihre letzte Möglichkeit aus. An dieser Stelle, vom Matterhorn nach Zermatt hat sie eine ihrer glücklichsten Stunden gehabt. Und darum wohl auch ich, der ich von ihrem Willen lerne, da er solche Form wird.

Herauf und herab ging ich, die Kunst versank, die Bilder verschwanden, und ich betastete, täglich sinnlich froher, die Natur. Was ist unsere Erholung? Wir nehmen, der künstlichen Schönheit satt, den Prozeß der natürlichen Form wieder in unseren Mechanismus auf. Wir lesen kaum eine Zeitung, und von fernher klingt uns nur der Ruf: daß Bleriot den Kanal überflog, daß zwei Leute hintereinander den Nordpol erreichten, oder es liest einer in der elektrischen Gebirgsbahn seiner Dame vor: Zeppelin est arrivé à Berlin .... Die Dame ist übermäßig schlank, und das kurze weiße Kleid umschließt eng die Knöchel. Sie weiß es und stemmt gern die Hände in die Hüften. Am Abend macht der Konservator des Louvre Feuerwerk, und die süßen Kinder aus Mailand spielen mit ihm Fangen. Von der Hütte am Gletscherrand wird das bengalische Feuer erwidert. Der Bankhalter an den Petits chevaux ruft ununterbrochen sein: Faites votre jeu, messieurs, und der Schuster bringt einen Korb neubenagelter Schuhe. Ich gehe hinauf und hinab, und wenn ich durch St. Moritz mit dem Rucksack laufe, rufen sie das Wort nach, das in jüdischem Jargon „Vergnügen“ bedeutet. Ich möchte mich umdrehn und sagen, daß ich wohl ihren Ausdruck verstehe, sie aber nicht mein Vergnügen. Ich genieße die Entwicklung der Straßen, immer wieder vom Gletscher in die Blumen hinab, ich vermeide die langweiligen Talwege, die die vorgezeichnete Route eines Flusses nur repetieren, ich liebe die Wege auf halber Höhe, die uns von neuen und ungewohnten Punkten aus die Entfaltung des Tales zeigen – die die Abhänge der Berge sehen machen, von der Alp Languard nach dem Schafberg über Pontresina, und da sitze ich lange herum, von Schmetterlingsfängern selten überrascht, und zerreiße alte Briefe.

Wege! Dem räumlichen Betrachter der Natur sind sie Führungen über die Körperwelt der Berge, Linien, für die Augen gezogen, die den Flächen entlang gleiten. Es ist eine große Kunst, Wege so anzulegen, daß sie die Natur gut nehmen. Sie müssen die Anatomie des Geographischen enthüllen und die Funktionen des Naturbaues herausheben. Sie haben ihre Stile, wie die Erzeugnisse der Kunst. Der Weg von Sulden auf die Schaubachhütte ist in der Benutzung und Entwicklung des Terrains (wie er Rücken und Grate nimmt) klassisch. Ein Schluchtweg, wie der durch das Chauderontal hinter Montreux mit all dem koketten Herüber und Hinüber, und den Stationen der Wasserfällchen und Felshöhlchen, ist ein Thüringer Idyll ins Französische übersetzt, richtige Rokokorhythmik. Der schönste Kalvarienweg ist der von Saasfee, eine wahre Kletter-Epopoe mit der Erlösung der Kirche auf weitem lärchenbestandenen Plateau. Der Simplontunnel ist die technische Durchquerung einer Wetter-, Sprachen- und Wasserscheide, rücksichtslos gegen jedes andere Erlebnis, als das einer unendlichen Finsternis. Die neuen elektrischen Bahnen, die von Zweisimmen, die von Chamonix, die von Fulpmes und die geniale Berninabahn, sind leichtere, schmeichelndere Anpassungen an die Naturplastik, die sie oft nur zuerst mit einem energischen Ruck und Aufstieg aus dem Stein holen, um ihr dann desto eleganter und weicher in ihren Kulturlinien zu folgen. Wie erlebt man Wege! Stundenlang wandert man die Oberengadiner Seen ab, Grün an Grün gereiht, vom grünen Wald umgeben, ein stolzes Plateau auf solcher Höhe, bis man zur Sperre von Maloja gelangt und dann in tollem Absturz über Terrassen, die immer italienischer werden, an Ortschaften vorbei, die immer wilder an den Bergen hängen, dem Süden sich nähert. Maloja bleibt unter den zu erlebenden Übergängen der stärkste. Ich baue mir mein Italien da herunter und denke der jungen Jahre, da ich einst über den Splügen nach Chiavenna kam. Vor der Grenze sitze ich auf einem Steine, und ein deutscher Handwerksbursche kommt vorüber. Er sieht mich die Karte studieren. „Entschuldigen Sie, wo führt die Straße hin?“ „Nach Chiavenna.“ „Es ist zu dumm, ich will nicht nach dem Süden; wenn man keine Karte hat, geht es immer verquer." „Sie sind in zehn Minuten an der Grenze. Wohin wollen Sie?" „Nach den nördlichen Städten in der Schweiz, Arbeit suchen, aber immer wieder geht der Weg nach Süden, manchmal zweigt ja so einer ab, wie nach Norden — aber er geht doch wieder nach Süden. Immer nach Süden". Ja, immer nach Süden. Und ich gleite den Comer See herab, den Lago Maggiore herauf zur Rhone und spaziere am Genfer See, in dem göttlichsten Winkel, den sich die Natur vorbehielt, wo das blaue Wasser unter Blumen die Weinberge bespült und unendlich reiche Waldschluchten und Obstwiesen zu den warmen Bergen und Felsen hinaufführen. Gegenüber die unerreichbar schöne Linie der Savoyer Alpen, auf deren Rhythmus ein Heer von Musikern sieht, das sich an den Abhängen niedergelassen hat, in der Hoffnung, es fließe von dieser Gnade etwas in sie ein.

Hier unter den Pappeln und Platanen von Clarens ging ich meinen Weg und dachte diese Gedanken. Und dann saß ich vor unserm entzückenden Chalet angesichts der Savoyer Berge und es war reichlich Gelegenheit, in Korbstühlen und Zelten die Reise zur Ruhe kommen zu lassen. Ich habe nichts gegen die Eisenbahnen und nichts gegen die Hotels, wenn sie alle so nett sind wie die neuen Elektrischen oder die Häuser in Sils oder diese Hotelvilla. Der Komfort nimmt mir nichts, er läßt mich nur gewinnen. Die Natur erobern und dann sich gut waschen, umziehen und verpflegen ist ein doppelter Genuß. An einer schönen Stelle ein Haus gründen, in dem ich mich als heutiger Mensch wohlfühle und nichts entbehre, ist landschaftlich durchaus begründet. Es ist die Betonung der Ruhe. Es ist die Ausbildung des Standpunktes. Hier wohne ich, da gehe ich, da nehme ich die Natur in mich auf, hier kehre ich zurück. In dem Wechselspiel meines höchst kultivierten Ich und der unveränderlich reinen Natur liegt ein großes Erlebnis und eine gewaltige Kunst. Man könnte wohl noch vieles darüber sagen.

Ich beuge mich vor und sauge den Duft einer späten Magnolienblüte ein, die die guten Gerüche aller Welt zu vereinen scheint. An jedem Morgen unter dem blausilbernen Himmel ist dieser Trank mein erster. Ich bin meiner Reise dankbar, aber kann ich, indem ich sie skizziere, nur eine Ahnung davon geben, mit welcher Intensität ein Mensch zu seinem Besten die Natur in sich einzusaugen vermag? Was schreibe ich da unter meine Lampe nieder — ein wenig Erziehung, wie man die Natur nicht so sehr als malerischen Schein zu nehmen gut täte, sondern mit dem Tastorgan und dem Gefühl der Form zu erleben hätte. Das kommt so mit der Zeit, mit unserer Zeit — und ist schon Erinnerung geworden.

# DER TECHNISCHE SINN

In jeder Technik ruht ein künstlerisches Moment, insofern, als die Überwindung von Schwierigkeiten, je eleganter sie von statten geht, je mehr sie es auf ein einziges Ziel absieht, desto ästhetischer wirkt. Dies Herauslösen des einen Ziels und seiner glattesten Wege, ob mechanisch, ob handwerklich, ist eine künstlerische Illusion, wie Koloristik oder Linienschönheit oder Symbolisches, immer ist es die Reinheit einer Abstraktion. Die Reinheit konstruktiver Lösungen hat den modernen technischen Sinn wachgerufen, der eine besondere Abart unserer ästhetischen Qualitäten zu werden verspricht: ein neues künstlerisches Organ, auf gemischten Gebieten, wie alle unsere künstlerischen Funktionen, die aus Zunftlehren zu Lebenssachen wurden. Ich dachte in drei Reichen kürzlich an diese technische Ästhetik, ich will sie kurz aneinander reihen, gerade weil sie einander fremd scheinen.

Die Schnellbahn geht in fast gerader Linie mit 200 Kilometern die Stunde. Ein schwarzer Punkt naht, wird zur Linie, fliegt vorbei, wird zur Linie, wird zum Punkt. Wir genießen den äußersten Aphorismus des Verkehrs. Die Vorstellung der schnellsten und rücksichtslosesten Verbindung reizt uns. Sie erfährt keinen Widerspruch, weil sie ganz rein ist, fast so rein, wie das Tarnhelm-Wunder. Die Eisenbahn erfuhr Widerspruch, weil sie noch nicht ganz die Abstraktion des Verkehrs war, noch Innenzeichnung der Landschaft. Sie hatte noch eine Ahnung der intimen Blicke des Wanderers, noch einen Rest Postromantik, sie folgte den Flüssen im Tale, den Bergabhängen, Dörfern, Chausseen, Feldern. Nur Tunnel und Brücke wurden Verräter der Zukunft. Man sagte, die Eisenbahn zerstöre die Landschaft. Von der Schnellbahn kann man es nicht sagen. Sie verachtet die Landschaft mit ihrer ganzen Innenzeichnung, um von A nach B drüber wegzufliegen. Sie ist nur Ziel, sie läßt alles Unwesentliche aus. Die schöne Landschaft bleibt da, der schöne Verkehr ist hier. Reinliche Scheidung und doppelter Genuß.

Zweitens: in der Berliner Wintersezession: Ausstellung graphischer Künstler. Die Technik des Zeichnens, Skizzierens, Anmalens, einst das private Geheimnis des Ateliers, wird öffentlich gezeigt, zum Genuß erhoben. Man sieht die Umrißlinien, die Rodin um braun angetuschte Körperverflechtungen zieht. Leistikowsche Zeichnungen aus dem Wald, nur als Kontraste lichter und schwarzer Flächen. Eine Federzeichnung von Monet, Wolken, Wasser,

Kähne als Merkzeichen in Kringeln und Bogen. Liebermannsche Strandstudien als eilige Farbenflecke, vom Pastell hingeschrieben. Einen Corinthschen leicht angefärbten Grablegungskarton. Die Turners mit dem ersten (d. i. dem allerletzten) Hauch von Farbe über dem Venezianerkanal, dem Nachtmeer, den Gebirgsschlünden. Slevogts Tuschfixierungen der Alibabaräuber und Zilles Konturen von Berliner Typen. Alles ein Beginnen von Kunst, das uns seiner technischen Reinheit wegen reizt. Liebermann sagte, Zeichnen wäre Auslassen. Entwerfen ist ein Gestalten, das um so künstlerischer wird, je mehr es auf ein einziges Ziel (Farbe, Fläche, Kontur) losgeht. Die gute Skizze ist ein Ausschalten von Unwesentlichkeiten. Selbst innerhalb der Ziele gibt es noch Ausschaltungen: innerhalb der Farben die Farbe; innerhalb der Linien die Linie. Es wird eine Destillation vorgenommen bis auf die letzte Entstofflichung, die Abbreviatur der Erscheinung. Und die letzte Entstofflichung ist der erste Traum der schaffenden Phantasie! So wirkt das Bewußtsein der technischen Freiheit im Zeitalter des Impressionismus auch über den Entwurf hin formgebend. Munchs ganze Kunst ist der Eigensinn dieser embryonalen Vorstellungen, ein Protoplasma modernen Wesens. Beardsley aber ist groß, weil er in der fertigen Zeichnung mit allem unvergleichlichen Geschmack und allen seltenen stofflichen Reizen etwas von der Unstofflichkeit erster Konzeptionen genial verschmolzen hat: überhöhte Proportionen, Ornamentik der Haare und des Flüssigen und Vegetativen, Schwarz gegen Weiß, die Unwirklichkeit fehlender oder markierter Innenzeichnung, alle diese schönen Ausschaltungen des Details und der blöden Empirie zu Gunsten irgendeiner rein ästhetischen Vorstellung, die in den materiellen Anregungen der Technik ihren Grund und in deren konstruktiver Logik ihre Sicherheit findet.

Drittens: abends bei Franz von Vescey. Wenn wir die Augen schließen, hören wir ein Wunder der Technik, singende Flageoletts, Koloraturperlen, Doppelgriffe von der Illusion mehrerer Instrumente, einen starken und vollen, und wieder einen schmachtenden und nachgiebigen Ton, wie wir es kaum je in solcher Vollendung auf der Violine für möglich hielten. Aber wir schließen die Augen nicht, sondern sehen einen zehnjährigen Jungen, wie er da in seinem weißen Anzug, kindlich unbefangen, zwischen Bleisoldaten und tickenden Uhren, auf der Violine als Spielzeug spielt, so spielt, daß wir Erwachsene die Mühe unserer Schuljahre nur belächeln können. Wieniawski und Paganini, bei einem Erwachsenen leerer Ohrenkitzel, werden am Kinde wieder kindlich. Bach aber, den wir großen Leute als Urmusik verehren, wird unter seinen Fingern unmöglich. Er ist ein Kind und darf dieses Nachbauen der Schöpfungslinien nicht verstehen, das nichts ist als allerletzte Erfahrung und Weisheit. Er ist ein Kind und hat in drei Jahren die vielhundertjährige Entwicklung dieses Kulturwerkzeuges mit seinen vier

Saiten spielend überwunden. Er hat die Erfahrung ausgelassen, die Innenzeichnung des empfindenden, erwerbenden, erobernden Seelenlebens. Als ich Bach von ihm hörte, sah mich die Meduse dieses Wunders an. Die Natur schafft Wesen, die ganze Lebensalter in Monaten gradlinig durcheilen. Aber es gibt eine tröstliche Grenze: die Natur darf den Menschen in ihren Wundern vielleicht noch weniger ausschalten, als der Mensch in den seinen die ganze Natur.

# HELD ODER ABENTEURER

Eines Morgens rasiere ich mich gerade, da kommt ein lenkbares Luftschiff über den Hof hinüber, auf den ich hinaussehe. Ich blickte, eingeseift wie ich war, ein wenig vom Spiegel weg, in dem ich mein Selbstporträt betrachtet hatte, und verfolgte den Ballon. Er war nicht hoch, so daß ich den Propeller arbeiten und die Passagiere sitzen sah. Seine Bewegung war elegant und von einer Selbstverständlichkeit, die alles Wunderbare ausschloß. Er machte eine Wendung und steuerte in anderer Richtung weiter, so sicher und unproblematisch wie ein Schiff auf dem Wasser. Der Verstand erst sagte mir, welcher Mut und welche Gefahr da an mir vorüberzogen, und verwickelte mich in eine Gedankenreihe, die ich den Abend vorher angeknüpft hatte. Die neue Sehnsucht nach dem Helden war übermächtig geworden. Nicht die romantische eines Carlyle oder die philosophische eines Nietzsche, sondern die ganz reale nach einem modernen Heldentum, das uns von den Überschüssen der Romantik erlöste. Auch kein tragischer Held, wie ihn die Dichter liebten — er wurde wohl meist tragisch, aber das war sein Schicksal, nicht sein Wesen. Ich meine den Helden, der das Leben unter sich bekommt, der die Stärke des Willens, nicht die instinktive, sondern die bewußte und ethische Heldenhaftigkeit an seiner Umwelt erprobt. Also ein Mann von Charakter. Wir sehnen uns nach ihm, wir suchen ihn. Diese Menschen da auf dem Ballon, sind das die Helden? Einen Augenblick sah ich sie als Helden, wie eine Erscheinung, wie ein Vorübergleiten. Dann überlegte ich.

Ich überlegte: die Hingabe, das in die Arme-Sinken, das Verschmelzen im Gefühl hat uns vielleicht vertieft, aber sicher nicht gestärkt und lebensfähiger gemacht. Das Lebensgefühl, der einzige erhaltende Zustand, verlangt eine Organisation selbst des Rausches und des Schmerzes. Das Bewußtsein, unsere eigentliche menschliche Qualität, verlangt die Herrschaft, nicht die Willenlosigkeit. Mit der bloßen Tiefe des Erlebens kommen wir nicht durch, wir ertrinken im Meer der Gefühle. Die bloße Landschaft ist zu wenig, sie verlangt Kolonisation. Die bloße Empfindung ist zu wenig, sie verlangt Kanalisation. Indem wir uns betätigen, leben wir aktiv. Alle Ansammlung von historischer Pietät und sozialer Empfindsamkeit darf uns nicht dazu bringen, sentimental zu bleiben. Wir müssen Schleusen einrichten und Ventile öffnen können.

Dann staut sich nicht mehr das Lebensgefühl, sondern es bestätigt sich, es rauscht dahin und treibt Werke. Es rechnet selbst die Depressionen nur als Spesen, selbst den Müßiggang nur als Hygiene. Die Renaissance umrahmte Leben, Kunst und Mensch. Sie stellte aus einem tektonischen Gefühl für alle Dinge den begrenzten, aber einheitlichen Ausschnitt her, sie zog die Horizontale in die Gotik hinein. Wir möchten etwas Ähnliches mit der Romantik. Auch wir möchten nach Zeiten des Vegetativen wieder bauen und herrschen. Alles was wächst, läßt sich bauen, sagte der Gartenkünstler jener Epoche. Wir sagen dasselbe wieder. Nur tektonisieren wir nicht mehr, wir technisieren. Wir sagen: alles was wächst, hat seine Funktionen. Die laßt uns herausheben und eine feste Konstruktion aufführen.

Wenn wir Briefe von Romantikern lesen, fühlen wir ein angenehmes Ausfließen, ein entzückendes Schwimmen, richtiger: Auf dem Rücken liegen. Sind wir zu Ende, so bleibt nichts als die Erinnerung etwa an einen Spaziergang ganz besonderer Reize, keine helfende Wirkung. Lesen wir Goethes Briefe, so stehen wir auf einem Gipfel, und eine Ruhe über die ganze geordnete Landschaft unter uns, ein Höhegefühl von stärkender Bewußtheit steigt in uns auf. Was warten wir immer auf das Wunderbare, das uns im Schaukelspiel des Lebens hier und dort, morgen oder übermorgen begegne? Meistern wir lieber die Illusion und schaffen wir uns das Wunderbare. In einem Brief berichtet Goethe, wie er im gleichbleibenden Lauf des Lebens stets nach der Heimkehr von der Reise auf irgendein Geschehnis gehofft habe, das ihm irgendwie neue Nahrung zuführe. Nun kommt er heim, jeder drückt ihm die Hand wie zuvor, auf dem Schreibtisch liegt alles, wie es immer liegt, man erzählt alles, wie man es immer erzählt hat — und wie er das schreibt, ist er selbst und sind wir mit ihm über das Wunderbare hinaus, das man steuerlos in den Lüften sucht, statt sich auf der Erde das Haus zu bauen.

Wir werden technisch erzogen sein. Ich denke mir oft, wir sollten es sogar sein. Das historische Organ lehrt uns den Bau der Geschichte begreifen, die Entwicklungslehre technisierte die Natur, der Bau mit Glas und Eisen die Kunst. Diese Technik setzt sich in Erlebnis um. Wir sollen so etwas wie Ingenieure des Lebens werden, alle Arbeiter mit dem Glauben an die Arbeit. Unser Kompaß zeigt dorthin, hier bildet sich der Boden der neuen Kultur. Es ist die Erziehung zur Unsentimentalität, zum Funktionalismus. Ein Gleichnis: der Romantiker geht ans Meer im Sommer; er gibt sich ihm hin. Sein Antipode geht auf die Berge. Er braucht Höhenluft und Herrschergefühl. Der Sport kräftigt ihn für die technischen Ansprüche des Lebens. Er beschwört die Gefahr und prüft die moralische Widerstandskraft, sollte selbst auf einige Stunden das Landschaftsgefühl dabei pausieren. In der

Tucketthütte auf der Brenta sah ich, wie aus einer Loge, junge Mädchen am Seil das Kastelletto besteigen, junge Männer mit Hacken über die Gletscher klettern. Ich dachte daran, wie ich mit Richard Strauß einmal Athleten im Zirkus besuchte. Er beneidete sie um ihre technische Akkuratesse. Seine Musik gehört in diese Richtungslinie des Unsentimentalen: darum mußte sie aus technischer Herrschaft kommen. Wie bei Johannes V. Jensen der Gedanke des Amerikanismus zum Gestalter wird, oder bei van Gogh die Schärfe des funktionellen Organs. Bei allem heutigen Kunstgewerbe. Es ist das Kommende, bei vielen Komplikationen, die ich weiß.

Im Chauffeur ist ein Minimum vom technischen Helden, den wir dunkel suchen. Wenn Geliebte von Tenören mit ihnen heute durchgehn, so ist das ein Simplizissimus zur Kulturgeschichte. Dunkel sucht das Volk nach Helden im Technischen, weil es Helden sucht und das Technische als ein Lebenselement fühlt. Die Überspannung der Zeppelinbegeisterung hat diese Psychologie. Scheiden wir genau. Eiffel baute aus Eisen den höchsten Turm der Welt. Es zeigte sich, daß er etwas Abenteuerliches hatte. Zeppelin baute das lenkbare Luftschiff, das Gordon Bennettrennen vereinigte die nichtlenkbaren. Eiffel wirkte für eine Idee ohne Gefahr, Zeppelin für eine Idee mit Gefahr, die Bennettleute für keine Idee mit Gefahr: denn ihr Treiben bleibt wesentlich Sport. Sport mit Abenteuerlust. Aber hingebender Sport, wie Segeln, nicht aktiver wie Bergsteigen. Da haben wir die ganze Skala. Wenn ein Held ein Mann ist, der für eine Idee alles, auch sein Leben hingibt, so steht Zeppelin ihm am nächsten. Kann sein, eine spätere Zeit bezeichnet ihn so. Wir können es noch nicht ganz: einmal weil wir die Idee des lenkbaren Luftschiffs noch nicht so hochstellen wie die Idee, für die sich Sokrates oder Christus opferte. Und dann: weil wir mit dem Begriff des Helden unbedingt etwas Abenteuerliches verbinden. Wir möchten sagen, Abenteurer und Held sind im Affekt gleich, nur im Effekt verschieden. Ihr Erfolg gibt ihnen die Apposition. Die großen Entdecker, ob sie nur darauf lossegelten oder eine bestimmte Reise zu vollenden hofften, mußten abenteuerlich sein. Nansen und Andree mußten es sein. Gustav Adolf und Napoleon mußten es sein. Alles das waren kriegerische oder wenigstens entdeckerische Unternehmungen. Für eine geistige Idee, sei sie selbst Eroberung der Luft, weniger mit einem Entdeckungsziel, als einem Erfindungsproblem, fehlt uns noch der Begriff, der Held und Abenteurer vereinigt. Wir suchen im Dunklen. Wir fühlen, daß da etwas vom Helden ist, aber da der Begriff Held bisher auf andere Unternehmungen bezogen wurde, so sind wir in Verlegenheit, unserer Sehnsucht hier denselben Namen zu geben. Das aufregende Schicksal der Bennettleute unterscheidet sich in nichts von dem eines romantischen Abenteurers. Wir aber sind so sehnsüchtig nach dem Heroischen, daß wir auch auf Kosten eines Mißverständnisses die bloße heroische Anregung, die darin liegt, für genügend erachten, heldische Prädikate zu verteilen. Resultat: der alte, wesentlich kriegerische Held richtete seine Abenteuerlust auf materielle Güter. Die Bennettleute sind noch Abenteurer, und doch nicht ganz Helden des Problems. Der neue Held wird der Eroberer oder Märtyrer geistiger Güter sein, der opferbereite Experimentator technischer Probleme, der Erzieher für jeden ethischen Funktionalismus des Lebens. Und von da aus wird man auch Sokrates und Christus einschätzen. Der Begriff Held muß erweitert werden, der Zusatz des Abenteuerlichen immer mehr schwinden, die Vorbildlichkeit für das Nichtabenteuerliche, das Konstruktive, das Unsentimentale des kommenden Lebens stärker werden.

Was antworte ich also dem, der mir gestern sagte, diese Bennettleute, die ins Ungewisse mutig hineinfliegen, um halbtot von Schiffen aufgefischt zu werden, seien so etwas wie moderne Helden? Ich sage ihm, daß er eine kleine Verwechslung mache. Da der Held bisher abenteuerlich und gern tragisch war, glaubte er, daß der tragische Abenteurer auch ein Held sei. Aber ein Held ist mehr. Er begnügt sich nicht mit Sport und mit der unlenkbaren Zufälligkeit. Er lebt einer Idee. Sonst brauchen wir ihn nicht, sonst ist er nur ein interessantes Temperament. Es wird uns gesagt, die

Bennettleute seien die Exploiteure für das kommende lenkbare Luftschiff. Ihre Erfahrungen mögen schließlich diesem Zweck dienen, ihre Naturelle scheinen über die Lüste des sportlichen Abenteurers nicht hinauszugehn. Und am kommenden Helden wird das Abenteuer und selbst die Tragik nur ein reizvoller Nebenumstand sein, niemals das Wesentliche. Sogar das ganz Unwesentliche. Die Tage der spielerischen Ziellosigkeit und der Freude am Opfer seiner selbst sind gezählt. Wenn Christus wirklich am Kreuze einen Augenblick nur Gott fragte, warum er ihn verlassen habe, so war er griechischer als Sokrates. Und eine Ahnung der Zukunft.

Was ist mir da alles durch den Kopf gegangen? Mit dem Rasieren bin ich fertig und es war mir, als ob ich allen Ballast von Gefühlen und Traditionen ins Waschwasser versenkte. Um höher zu steigen. Vielleicht komme ich morgen in eine andere Luftströmung und denke über den Wert der Persönlichkeit für den Helden nach. Irgend etwas suchen wir da oben — und es mag nichts schaden, wenn so ein vorübersegelnder Luftballon solche Gedankenreihen in Fluß bringt.

Mit mir nur rat' ich,
red' ich zu dir.

# DER MODERNE ZAUBERER

Auf den Ladentischen stehen rechts und links die Grammophone, die ihre reklameweiten Trichter uns ins Gesicht strecken, große und kleine, mit und ohne Verzierungen. An den Wänden stehen Schränke, die eine automatische Musik in sich schließen und, wenn man einen Knopf drückt, elektrisch erglühen und ein Stück abspielen. Mit der alten Spieldose beginnt die Galerie, dem graziösen Musikautomaten des letzten Rokoko, der nicht die Technik eines Stückes, sondern das Stück in seiner eigenen Technik wiedergibt, übersetzt in die porzellanene Sprache klingender Stäbchen. Die Galerie schließt mit dem Orchestrion, das ein Militärorchester nachahmt, mit sämtlichen Schikanen der Schlaginstrumente. Dazwischen die Reihen der Klavierapparate, von den neutralen Walzen bis zu den Künstlerwalzen, Klaviere, die durch eine Vibration von unmenschlicher Schnelligkeit zitternd gemacht werden (Zittern = Gefühl) und solche, die mit roten Laternen geschmückt sind, welche glühen, wenn sie spielen, wie die Nase eines Bacchanten, der elektrische Strom treibt sie alle, derselbe, der auch einen Geigenmechanismus in Bewegung setzt und ein selbstproduzierendes Harmonium. Caruso, schweig still, da ich jetzt Paderewskis Rhapsodie hören will. Salome, tanze nicht, da ein Militärorchester sofort aufspielen wird. Ist der Kinematograph bestellt, der gleichzeitig mit dem Vortrag von Bendix seinen Kopf zehnfach vergrößert in Tätigkeit zeigt? Also aufpassen, daß die Lampen des Reproduktionsklavieres mit d'Alberts Appassionata erst löschen, ehe das grammophonisch-kinematographische Spiel beginnt. Sonst reicht der Strom nicht. Der Strom ist der Maßstab.

Hoch lebe die Technik, es ist ihr gelungen Bewegliches festzuhalten. Sie hat die Zeit zum Raum gemacht, wie sie einst die Kausalität zur Zeit machen wird. Erst photographiert man das Seiende, dann das Werdende in der Natur, dann in der Kunst, dann das Sprechen, Singen und Musizieren. Die Renaissance stilisierte das Zeitliche, wir technisieren es, ein neues Weltalter bricht an. Wenn wir heute den ganzen transitorischen Tanz der Taglioni photographisch studieren könnten! Einst wird man den Sardanapal auf einer Leinwand pantomimen sehn, wenn seine Kostüme in das assyrische Museum gewandert sind. Der Apparat fängt die naive und die bewußte Kunst. Eure Improvisationen werden zu käuflichen Walzen, eure Reden zu Springbrunnen, die durch einen Knopfdruck für bestimmte Zeit sich loslassen. Diese wunderbare Mystik zeitlicher Unendlichkeit nimmt sich die Maske ab und zeigt ihre numerierten Glieder. Diese unerklärliche Sensibilität der Phantasie und persönlichen Nuance enthüllt sich als ein mechanischer Vorgang, der die Ästhetik auf eine materielle Grundlage stellt. Weit über die Völkergrenzen wird der Schall einer Stimme getragen, ohne körperliche Bindung, das einmalige Spiel wird vervielfältigt an hundert Orten der Welt gleichzeitig wirksam. Die Maschine ersetzt die menschliche Mühe, sie ökonomisiert die künstlerischen Bedürfnisse. Amerika hat bisweilen noch einen Organisten für zehn Kirchen, die Reproduktionsorgel erledigt jetzt diese Verlegenheit. Der Leiter des Gottesdienstes drückt auf den Knopf und die Maschine beginnt ihren Choral zu spielen. Dieser Organist hat immer Zeit, weil er zeitlos ist. Und er ist immer billiger, weil er seine Vervielfältigungskraft ausgenutzt hat, wie der Wasserfall seine Dynamik. Wird Gott die Ehre dieser technischen Errungenschaft abschlagen? Sie ist die notwendige Folge seiner Institutionen.

In der Fabrik sitzt der Harmoniumspieler wie vor jedem anderen Instrument. Er spielt das Kruzifixus aus Bachs Hmoll-Messe. Durch einen überaus intelligenten Mechanismus ist es möglich geworden, sein Spiel mit allen Registerzügen und Windnuancen in einen Aufnahmeapparat zu übertragen. Nur zwei elektrische Drähte verbinden sein Instrument mit dem Gehäuse, in dem der Erfinder sitzt und die Hieroglyphen beobachtet, mit denen sich Spiel und Auffassung auf einen Streifen Papier selbst niederschreiben, Striche für die Windstärke, für die Klangfarben, für die Töne, Striche, die beginnen und aufhören mit dem Beginn und Ende ihres zeitlichen Modells, eine Geheimschrift der wunderbaren Übertragung der Zeit in den Raum, etwas Vierdimensionales. Was Bach einst in divinatorischer Stunde dem Weltgeheimnis abforderte, gibt dieser dienende Spieler ihm auf dem klugen und schmalen Wege menschlicher Technik zurück. Seltsames Gefühl: hat ein Geist diese Zeichen geschrieben? Der Spieler hört das tickende Antworten jedes Tastenwechsels im Apparat, es schreiben die Geister. Er spielt, nicht unberührt von dieser mystischen Stunde, in dieser nüchternen Fabrik, von Menschen umgeben, die zwischen dem Enthusiasmus und der Präzision alle Skalen der typischen Kunstauffassungen darstellen. Er spielt, in der Julihitze für den Winter, in Hemdsärmeln für ein Weltpublikum, ein einziges Mal für unzählige Male. Eine Fliege sitzt ihm hartnäckig auf der Nase, er hat die Hände nicht frei, sie wegzuschlagen, die Papierrolle gestattet keine Unterbrechung. Direktor, Erfinder, Kontrolleur, die Menschen der Schönheit, Präzision und Philologie treiben ihm die Fliege mit unermüdlichem Eifer fort, aber sie macht einen Kreis und sitzt wieder auf der Nase. Wen stellt dieses Tier dar im Konzert der Kunst? Stimmt etwas nicht in der Materialisierung der Geister? Sie verläßt den Spieler nicht während des ganzen Kruzifixus. Zehnmal hat er den Kopf geschüttelt, jetzt ist er fertig. Der Erfinder rollt das Papier auf — da ist ein G verzeichnet, das nicht gespielt wurde. Der Apparat lügt nicht! Haben Sie wirklich kein G gespielt? Der Spieler beteuert das Gegenteil. Man untersucht. Ein Staubkorn sitzt in der Zunge des G. Der Apparat lügt nicht, aber er unterscheidet nicht zwischen Wille und Zufall. Du meine Fliege! Das G wird herausretouchiert, die Rolle in einen Kasten gesteckt, mit Etikett beklebt, reproduktionsfertig, exportreif.

Der Künstler hat in das Grammophon gesungen oder in den Apparat gespielt. Jetzt hört er die Reproduktion von sich selbst. Die Präzisierung seines momentanen Gefühlslebens erschreckt ihn weit stärker, als der Anblick einer Photographie. Der zeitliche Spiegel macht aus einer nervösen Konstitution eine typische Gebärde, er theatralisiert die Seele und monumentalisiert den Augenblick; die gute Photographie, die ein anderer wählt, gewinnt aus dem Leben den charakteristischen Moment, der Musikapparat, dem man sich selbst stellt, aus der Kunst der Momente die erstarrte Form. Seine akustische Linse ist scharf, sie spitzt das Technische zu, sie verleugnet das Sfumato der augenblickserregten Schöpfung. Andere erkennen ihn besser im Apparat, als er sich selbst. So soll Nikisch imstande sein, jedes reproduzierte Stück auf seinen

Spieler zu erraten, während ich am Grammophon Zeuge war, daß Ernst Kraus sich selbst nicht erkannte. Die mechanische Reproduktionsfähigkeit des Klaviers ist freilich an der Grenze des Unwahrscheinlichen; wir besitzen Apparate von vollendeter phonographischer Treue. Das Grammophon dagegen gibt mehr oder weniger eigene Farben störend hinzu, seine Membran ist nervös und reagiert verschieden auf die Organe, unter denen sie passende und unpassende unterscheidet. Die Sängerin verliert auf der Membran, durch die scharfe Anspannung der kurzen Schwingungen ihrer höchsten Töne. Der Sänger ist membranfähiger, Caruso offenbar am fähigsten. Seine Platten sind die reproduktionskräftigsten, die es gibt, und bei all seiner Kunst darf man sagen, daß die glänzende Popularisierung seines Tones durch den Apparat nicht das wenigste zu seinem Ruhme beigetragen hat.

Die musikalischen Automaten nehmen erschreckend zu. Sie sind ein Teil der Kunstzufuhr geworden, sie dringen in die Familie, Kirche, Gaststube ein. Sie einfach abzuweisen, wäre billig. Mit solchen Bewegungen hat man sich auseinanderzusetzen, sie als Zeichen der Zeit zu verstehen und zwischen ihren Vorteilen und Nachteilen zu vermitteln. Sie werden durch keinen leichtfertigen Einspruch gehemmt werden, aber man kann ihre Wirkungen vernünftig regulieren. Sie zerfallen technisch und künstlerisch in zwei Gattungen. Entweder reproduzieren sie Sprache und Musik durch eine Membran, oder nur instrumentale Musik durch einen automatischen Spielapparat mit Walze. Und entweder geben sie neutral irgendein Stück als solches wieder oder sie reproduzieren die persönliche Auffassung. Es gibt also vier Arten: Publikumsmembran, Publikumswalze, Künstlermembran und Künstlerwalze. Aber, von einigen Abnormitäten abgesehen — es haben sich auch Zwischenstufen herausgebildet: neutrale Walzen, zu denen der Reproduzierende selbst den „Ausdruck" machen kann, das heißt deren dynamische Neutralität er durch Forte und Piano nach seinem Gutdünken schattiert, wie er auch das Tempo beliebig einstellen und wechseln kann, was alle Automaten gestatten. Hier beginnt schon die Gefahr dieser „sozialen Frage". Die Mischung ist vom Übel. Das Wesen und die Schönheit des Klavierspiels liegt in der Einheit des Körperlichen und Seelischen, in der Durchdringung der Mechanik mit Stimmung und Augenblicksreflexen, in der Harmonie des Technischen und des Ausdrucks. Wie dieser ganze Mensch da gleichzeitig arbeitet und empfindet und durch das Eine das Andere belebt und reguliert, das ist der Triumph seiner Kunst. Übergebe ich einen Teil davon der Maschine und überlasse ihm den Rest, so entseele ich das Mechanische, ohne dem Gefühl seine natürlichen Hemmungen zu geben. Lieber noch ganz mechanisch.

Es ist zweifellos, daß durch die Verbreitung der mechanischen Instrumente, besonders der künstlerischen, die Kenntnis der Literatur erweitert, für Schulen ein Lehrer, für Kirchen ein Organist gewonnen und manches dilettantische Musizieren durch einen zwar uniformen, aber technisch vollendeten Genuß ersetzt wird, so wie es sich empfiehlt, statt schlechter Ölbilder gute Photographien an die Wände zu hängen. Aber man darf diesen Vergleich nicht übertreiben. Im Bilde ist der ganze Maler enthalten, die Photographie gibt die Reproduktion seines Werkes, nicht unter Auslassung eines Immanenten, sondern unter Übersetzung des nicht Reproduzierbaren. Im musikalischen Kunstwerk lebt, wie in allen hörbaren Künsten, der Drang zur Reproduktion an sich und diese in dem ganzen Menschen, wie er es auffaßt und wiedergibt, ist eine natürliche Einheit, die man nicht ungestraft zerreißt. Eine Partitur im Buche ist ein Werk, das jeder Auffassung frei steht und darum an Kunstwert nicht verliert, daß sie nicht gehört wird. Aber eine phonographische Partitur ist die Auffassung eines einzigen Menschen in einer bestimmten Stunde von einem Werke, das so wandelbar ist, wie diese photographierte Madonna unwandelbar bleibt. Die Reproduktion der hörbaren Künste hat ihre Seele. Die Tempi werden mit den Jahren schneller, um aus einer natürlichen Gefühlsreaktion dann wieder vom langsamen anzufangen. Die dynamischen Schattierungen werden schärfer, um dann wieder einem manierlosen Ausgleich zuzustreben. Die einzelnen Reproduzenten stellen sich verschieden dazu, der Einzelne sogar selbst wieder anders in jeder Stunde. Dieses wundervolle Fluktuieren im Reflex der Kunst ist ein Lebenssaft ihrer Erhaltung, auch der Neuschöpfung. Losgetrennt von diesem Prozeß ist das automatische Stück ein Torso, der auf die Dauer an Leben wird vermissen lassen, was er an Technik gewonnen hat. Mehr noch, er erstarrt nicht nur, sondern er bringt Erstarrung. Gewiß wäre es höchst interessant heut zu hören, wie Beethoven seine Sonaten gespielt hat. Aber es wäre der Tod aller seiner Nachfolger. Immer wieder würde man auf den kodifizierten Kanon hinweisen und jede selbständige Regung in der Auffassung mit der Mahnung ersticken: der Meister muß es doch besser gewußt haben. Die Reproduktion würde ganz mechanisch werden, ihre Seele und ihr eigentümliches Leben verlieren und damit auch den Schaffenden eine lebendige Fortexistenz rauben. Ich stritt mich einmal mit einem Freunde um die Auffassung, die ein berühmter Künstler einem Stück gegeben hat. Hat er piano oder forte begonnen? Wir stellten die Walze seiner Aufnahme ein und der Apparat antwortete: piano. Der Geist des Künstlers hatte sich gerechtfertigt. Hier liegt der Wert der mechanischen Reproduktion selbst. Die Musik, wie das Drama, hat ein doppeltes Leben, sie lebt im Schaffen und lebt noch ein zweites Mal im Reproduzieren, sie gibt sich selbst wieder als Material der Zukunft hin. Muß man nicht für dieses ihr zweites Leben jetzt fürchten? Der Reproduzierende ist bei aller Selbständigkeit ein Diener und er wird vor dem Apparat, der die Auffassung des Schaffenden festgelegt hat, kapitulieren. Wie der festgelegte Produzent den Reproduzenten lähmt, so unter diesen der stärkere den schwächeren. Und was vielleicht das Gefährlichste ist: Der Künstler selbst legt sich fest. Beethoven hat, wie Czerny bezeugt, jedesmal mit anderen Tempi und anderen Nuancen dirigiert und gespielt. Eine Symphonie war für ihn ein allgemeiner Gefühlsausdruck, der bei jeder Aufführung eine neue, augenblickliche dynamische Innenzeichnung erhielt. Die Musik begibt sich, festgelegt, eines großen Vorteils, den sie vor der Malerei voraus hat. Zwischen Photographie und Phonographie ist mehr als der Unterschied eines Konsonanten.

Wir sind ernst geworden. Der moderne Zauberer hat seine Bude zwischen der Quelle und der Mühle aufgeschlagen. Das Volk belustigt sich bei ihm. Er aber wird zusehen müssen, daß er dem Müller nicht die Kraft entzieht, von deren Produkten er lebt.

# PFAUENSCHLEPPE

Obwohl es nur einige Wochen seit der ersten Aufführung sind, steht mir heut Richard Strauß' Salome, die auf den Wildeschen Text komponiert ist, wie eine Erinnerung vor der Seele, die außerhalb aller Berufe liegt. Niemals waren die Berufskritiker in größerer Verlegenheit. Die einen mußten sie aus der Tiefe ihrer keuschen Lebensfreude hassen, die andern aus der Stumpfheit ihrer Organe anstarren, die dritten aus der Peripherie ihrer künstlerischen Sphäre leidenschaftlich einsaugen. Man kritisierte sich selbst, indem man sie kritisierte. Sie schien das fertige Produkt einer ganz bestimmten, nicht zentralen, aber seitlich irgendwo stark aufleuchtenden Kunst, und indem man die Seitlichkeit bekämpfte, vergaß man die Wunder des Schaffens; indem man diese lobte, die Dezentralisation. Ein Pfauenmuster wurde auf dem Tisch ausgebreitet, das ein Wunder der Phantasie und Technik war, weil es aus nie gesehenen Augen-Federmotiven sich zusammensetzte und in berauschenden grünblauen Farben leuchtete. Ein Kleid daraus wäre unmöglich gewesen; es konnte nur eine Schleppe sein, so breit freilich, wie manche Kleider; und man sollte die Schleppe loben, weil eine peripherische Kunst, die den dekorativen Neigungen und Fortschritten der Zeit entspricht, besser ist als gar keine, und weil, wenn man diese tadelt, man ein Vorkämpfer der Unfruchtbarkeit wird. Die Kostümgeschichte zeigt, daß aus Schleppen Kleider, wie aus Kleidern Schleppen wurden. Man weiß nichts Gewisses, als daß sich in diesem Vorgang unsere Zeit erfüllt.

Beardsley hat sich bei seinen berühmten Zeichnungen zur Wildeschen Salome das herausgenommen, was ihn reizte. Herodes ist nur ein weißer blinzelnder Kopf im Hintergrunde; Herodias eine Theaterhure, die von einem vertrockneten Roué und einem Feigenblattjüngling eingeführt wird; interessanter ist ihm Narraboth, der junge Hauptmann mit seinem Pagenknaben, der Knabe steht nackt neben ihm vor dem phantastischen Mond und er betreut ihn sorgsam auf der grotesken Totenbahre; am variabelsten geriet ihm Salome, die in einem schwarzen Kape und mit einem weißen Fächer über die unsichtbare Straße geht, an einem Pariser Flakontischchen Toilette macht, in Höschen mit nacktem Bauch und Brüsten den Stomachdance aufführt, die Silberschüssel mit dem Prophetenhaupt befriedigt betrachtet, die auf dem hochgestreckten Negerarm emporgehalten ist, Blut und Haare ein einziges Ornament, und noch verwandelter Blut und Haare und Sumpfpflanzen ein einziges Ornament: Johannesorchideen. Wo ist aber Johannes selbst? Sie geht in einem Pfauengarten spazieren, mit einem breiten schillernden schleppenden Pfauenrock, sie spricht mit einem beturbanten Mann, der nackte Füße hat, ein konventionelles Gesicht, eine mäßige zeichnerische Phantasie: Jochanaan möchte ein Gärtner sein und kann es nicht. Dieses Bild heißt Peacock skirt.

Um das Drama Wildes pflanzte Beardsley seine Phantasiewelt von verschlungenen Blütenhaaren, verzauberten Libellen, Brust- und Nabelaugen und anderen animalischen Steigerungen, hoch aufgerichteten Kerzen, Seetierornamenten, Tang- und Algengerüchen, an langen Fäden schwingenden Pfauenaugen, Juwelensternen und Onyxapplikationen, hieratischen Stirnlöckchen, stilisierten Fingern, maskierten Gentlemannarren und panischen Teufeln, Menschenblumen, Arabeskenständern, Tagschatten und Nachtsonnen, Statuenmenschen und Tierseelen, ein Ornament des Lebens unter Verzicht auf Charaktere und Szenen.

Wilde hatte die Charaktere scharf geschnitten und die Szenen logisch gebaut. Er machte die Herodias zur ahnungslosen Dirne, dem Herodes gab er unklare, ängstliche Ahnungen des Neuen und Erwarteten, die Salome ließ er durch Leidenschaft das Neue und Erwartete erfüllen, und rechts als Extrem zur Herodias stellte er den Jochanaan hin, das unbarmherzige Neue selbst. Die Juden wurden die beschränkten Streiter um das Neue, Narraboth der beschränkte Liebhaber mit Rittertum.

Salome wuchs in dieser wohlgeordneten Umgebung gewaltig. Sie ist nicht pervers, sondern so leidenschaftlich, daß sie an religiöse Erotik heranreicht. Sie vermischt Herodias mit Johannes. Sie erlebt die Ekstasen der letzten Römer und ersten Christen, sie liebt den himmlischen armen und keuschen Bräutigam, nicht wie eine Opernheldin, sondern wie ein Weib, deren äußerste Sensation ihr Gegensatz ist. So liebte man als Märtyrer. So wird man lyrisch. So würde Salome, wenn Herodes nicht sie töten müßte, eine Christin werden und das Salbgefäß der Magdalena erben. Wie dekadent gegen sie ist Kundry, die sich mit Schmerzen dieser Seelenwanderung erinnert.

Gomez Carillo erzählt in seiner biographischen Notiz zu Wildes Salome, daß ihn das Bild des Gustave Moreau, diese kühl rollende Pracht von Farbenjuwelen, am stärksten gereizt hätte. In seiner Phantasie lebten die Huysmansschen Worte: nur mehr Juwelen bedecken den Leib, zwischen ihren Brüsten glänzt ein Kleinod wie ein Stern, tiefer schlingt sich eine Granatkette um ihre Lenden, und über dem Schatten ihrer Scham gleißen Smaragde. Moreau deckte seine Salome mit Juwelen und Blumen, Wilde und Beardsley und Strauß taten nicht anders; bald bewußter, bald naiver. Jene ist eine hieratische Seherin, die zweite eine religiöse Erotikerin, die dritte eine ästhetische Kokotte, die vierte eine Entdeckerin bewegter Harmonien von rücksichtsloser Psychologie, Liebhaberin entlegener, sündiger Tonarten, Prophetin der Dissonanz (nicht als Verlegenheit, sondern als Kraft, die der Trieb der Musikentwicklung ist), aber alle vier decken ihre Blöße mit Blumen und Juwelen und über ihre Glieder hängt der lange schleppende Saum des Pfauenmusters. Alle sind sie liebenswürdig und liebenswert. Ihre weltbewegende Leidenschaft verschwindet unter den Zaubern phosphoreszierender Technik. Moreaus Farbentropfen, Wildes Blumensprache, Beardsleys geniale Ornamentik, Strauß' meerestiefes Orchester sind ihr wechselndes Muster, ein Muster, das niemals ihre Person gibt, die uns rätselhaft und wandelbar wird wie die Bajadere, sondern die Person derer, die es schufen. Wilde dichtete nicht Moreau, Beardsley und Strauß illustrierten nicht Wilde, sie gingen alle ihre Wege in einem künstlichen Garten, den sie einer fernen Göttin widmeten und mit ihren eigenen Kulturen bepflanzten.

Strauß holte die Salome aus dem modernen Orchester, in dem sie schlief, wie in der modernen Farbe und Zeichnung und Sprache. So wenig, wie seine Vorgänger, war er beschränkt naturalistisch, er schilderte keine dämonischen Laster oder orientalischen Künste, und wie Beardsley seine Salome mit Schuhen tanzen läßt, obwohl ihr sie Wilde auszieht, wie er sie den Bauchtanz machen läßt, obwohl ihr Wilde den Tanz der sieben Schleier befiehlt, so gibt ihr Strauß gegen Wilde die Kunst des modernen Orchesters, das sich schämt, orientalisch zu werden außer an einer markanten Stelle, das in Zwischensymphonien frei (wie in Titelblättern) ausklingt, das die Stimmen zu Helfern des Orchesters, zu seinen Farben, seinen Dynamien befiehlt, das in hundertlei motivischen Beziehungen die innere Einheit des musikalischen Baues herstellt, große Linien, die sich bis in kleinste Ornamente wiederholen, bis in jenes reizende punktierte Beardsleyhafte Motiv, das aus der Fruchtschale des Herodes auf die Silberschüssel der Salome überfließt. Phantastische harmonische Blumen wachsen aus diesem Orchester auf, groteske Tiere mit Menschenseelen, ein mysteriöses Aquarium vielfach geteilter, verschlungener, lebender Instrumente, Symbolismen zwischen Juwelen und Blut, Blut und Haar, Haar und Landschaft, Parfüms aus Pariser Flakons und Erdgerüche aus den Tagen der Schöpfung, Märtyrerköpfe, die durch den kalten Wind fliegen, teuflische Libellentriller und überlange Negerarme, Kurtisanenlüste und hieratische Stilisierungen, das mystische Ornament des Orchesters, in den Charakteren der Motive nebensächlich wie Beardsleys Gesichter, aber tief und bedeutungsvoll in jenen Zusammenhängen, die Inhalte und Formen auf dem Grunde des Lebens verbinden. Wie bei Beardsley, tritt der Tanz in ein symphonisches Spiel von Visionen zurück, aber nicht wie bei Beardsley, wie nur die dramatische Musik es sich wünschen kann, tritt die Welt des Johannes machtvoll und gesteigert heraus, kein Theater des Glaubens, wie im Parsifal, sondern eine neue religiöse Romantik, die wie ein scharfer Holzschnitt, an Gemüte reich, die deutschen Hörner aus dem Orchester wachruft. Wunderbare Perspektiven eröffnet mir dieser Garten, und über Blüte und Zucht gebeugt, denke ich an neue Wege, die die Kultur der Musik uns führen wird, durch einen so persönlichen Akt hervorgerufen, in Reiche, die ich noch nicht kenne.

Wohin geht sie, deren Pfauenschleppe wir bewundernd preisen?

# ELEKTRA

Man verzeihe mir die Wahrheit. Ich lebe in dem Strich Landes, der von Mozart beginnt und über Schubert hinaus bis zu Smetanas Verkaufter Braut und Johann Strauß' Fledermaus reicht. Bach ist ein Gott, Beethoven die größte künstlerische Erscheinung, Wagner das stärkste Temperament — ich lebe in dem Mozartland. Es ist meine Heimat irgendwie, wie das böhmische Riesengebirge oder Wien meine Heimat ist, obwohl ich in Schlesien geboren bin. Es ist meine Mutter. Elektra ist meine Stiefmutter. Salome ist meine Geliebte. Was kann ich tun?

Man hat zwei innere Landschaften, wenn man unglücklich ist. Die eine, die zur Erholung, Ergänzung, Erheiterung liegt weit zurück. Sie ist historisch beruhigt. Sie ist vom größten musikalischen Genie erleuchtet, ist Tanz und Ausdruck in einem, ist Form und Erfindung ineinander, bindet die Leidenschaften und scheint Schule, während sie das lebendigste Leben wird. Die andere ist in der Gegenwart. Sie ist das Ziel der Illusion. Träumer, die wir sind, suchen wir den Traum in der Wirklichkeit zu demonstrieren, suchen nach Glück und Kraft in unserer Umgebung, nach Bestätigungen, nach Quellen, nach Nahrungszufuhr, nach etwas, was geschieht, was reizt, was der Liebe wert ist. Es ist kein Wagner mehr. Kein Häuflein Gepanzerter schlägt sich für eine Sache, die durchzusetzen und zu behaupten ist. Die Kraft hat Erfolg, die Liebe ist vielseitig. Aber wir saugen die Gelegenheiten auf, die uns unseren Beruf füllen, und unsere eigene Disposition verstärken, wiederholen. Diese andere innere Landschaft ist die Berufslandschaft. Eine schöne, wenn sie Stoff findet. Eine traurige, wenn sie verdorrt. Die Menschen mit den beiden Seelen sind hoffnungsvoll, wenn sie schön wird. Sie haben nicht umsonst gelebt. Sie können predigen helfen, etwas sagen. Sie sind dankbar, wenn sie auch wissen, daß die Dankbarkeit eine Illusion ist gegen das Heimatsgefühl. Ich sage nichts mehr.

Salome ist meine Geliebte. Und wenn ich auch weiß, und alle mir sagen, und sie selbst es sagt, daß sie kühl ist und ein wenig Schauspielerin und nicht recht weiß, wie sie ist, ob sie im Grunde zu mir gehört oder ob sie nur mich wiederliebt, weil es ihr schmeichelt — ich liebe sie dennoch über alle Maßen. Ihre farbigen Augen bestechen mich, ihre Berührung rührt mein Blut, ihr Klang berauscht mich, ihre Gegenwart enrzückt mich, ihre Launen regen mich auf. Wenn sich der Vorhang über sie hebt, gerate ich in einen unwiderstehlichen Bann. Entferne ich mich von ihr, löst er sich. Das fehlte mir irgendwo, das zieht Kräfte aus mir, das beflügelt meine Phantasie. Ein originales Werk. Richard Strauß endzündete sich an einem Text von dünnem silbernen Klang und ließ Gluten von Farben, Aquarien von Landschaften aufschießen. Ein einziges Werk. Ein Wurf und Wagnis, eine neue Gattung, die impressionistische Oper, die Koloratur des 20. Jahrhunderts. Eine innere Notwendigkeit für ihn, für mich, für die Zeit. Sie kam und ich war hingerissen. Ich überlegte garnicht. Ich verfiel ihr und liebte sie. Ich habe sie nie geheiratet. Ich möchte Susanne heiraten.

Bei der Elektra, gestehe ich, habe ich überlegt. Nicht bei den Aufführungen, aber nachher und jetzt, wo ich Rechenschaft geben soll. Die Aufführungen halten unsereinen fest. Wir sind Essayisten, verpfuschte Künstler, die von dem Reiz und Reichtum ihrer Vorstellungen leben, nicht wie die Dichter von einem Stoff, nicht wie die Gelehrten von einer Methode, sondern von dieser eigentümlichen, schönen, gefährlichen Mischung von Vision und Wissen, die unsere Art bestimmt. Das rein Visionäre, aus unseren Darstellungen herausgezogen, wäre vielleicht dünn, vielleicht unmöglich; das rein Gelehrte sicherlich nicht haltbar, nicht begründet genug — aber wir leben davon, es auf mittleren Stufen zu einer subjektiven Demonstration zu mischen, die ebensoviel Materie als Persönlichkeit hat und dadurch auf eine ganz besonders schmeichelnde Weise Urteil und Geschmack zusammen befriedigt. Vernehmen wir starke Vorstellungsaffekte von Dichtern und Musikern, so fühlen wir uns angeregt. Es ist die letzte Form, die wir anstreben. Es ist die künstlerische Vollendung der Dinge, die halb in uns ruhen und doch niemals von selbst ganz werden können.

Dieses war das Erlebnis der Hofmannsthalschen Elektra. Die äußersten geistigen Vorstellungsreihen, deren wir fähig sind, waren an einem alten mythologischen Stoff entzündet, so wie wir im Kleinen uns oft ein Buch der Renaissance, ein antikes Fragment vornehmen, um daran (unter dem Schutze der Etikette) unsere Ideen und Assoziationen ausfließen zu lassen. Das zurückgerückte Kinderleben, der Schimmer von morsch gewordener Leidenschaft, die innere Verwandtschaft der Mutter und Tochter, der Frühling der Schwestern, die heilige Rache und das ungestillte Leben und ihr Kampf und ihre Liebesszene und alles zyklopische Mauerwerk von Empfindungen, die halb noch göttlicher Herkunft scheinen und sich nun in einer unverstanden, erdbebenhaft zitternden Angst vor dem neuen Animalischen verirren möchten — das kam uns wahrlich nicht literarisch und das schien uns nicht nach Sophokles, sondern vor Sophokles zu liegen, mykenisch im Gefühl, zyklopisch im Bau, prähistorisch in den roten und blauen Farben. Wir leben täglich in unserm Beruf von dieser Erhöhung der Vorstellungen, von dieser letzten Ausschürfung verborgener Schätze, die am glänzendsten unter einem gelehrten und traditionellen Boden ruhen. Wir fühlen nicht so sehr für Elektras Gefühle oder Orestes' Berufung oder die brutale Sinnlichkeit dieser Halbgottmutter, als wir für die Vorstellungen fühlen, die sich daran knüpfen, die uns geistig erregen, die unsere seelische Interpretation wachrufen. Auf dieser oder jener Seite von Wilamowitz, in diesem oder jenem Drama von d'Annunzio, im Bogen des Philoktet, in den Chansons der Bilitis, im Epikureer Marius, überall da und dort lebt etwas von diesem neuen orphischen Geiste, der eine Sage benutzt, um zu sagen, einen Feiertag, um zu schwärmen, einen Grabstein, um Kränze und Bänder daran zu hängen.

Dieses ist die Rechenschaft, die ich mir heute von der starken Erregung gebe, die von der Dichtung kam. Sie wird denen verloren sein, die mit gelernten Begriffen und schiefen Einstellungen an das Drama herantreten, oder ein zyklopisches Werk mit den Maßen der Parthenonmauern oder der Bauernhütten messen. Oder gar das wahre und das gedachte Mykene verwechseln. Sie wird ebenso denen verloren sein, die an die Straußsche Musik mit ähnlichen Theoremen herantreten; für sie hat der Kopf immer Schlagworte bereit, weil sie im Gefühl keine Verwandtschaft finden. Schlagt mich tot — ich sterbe nicht für Strauß, aber für mich, der ich diese Vorgänge verstehe, ein Verwandter bin dieser Familie, von der Gegenwart aus, vom Beruf aus, berufen zu sagen: ich wäre so geworden, wenn ich solches gekonnt hätte, solches gekonnt, in einem ganz anderen Strich Landes geboren.

Strauß ist in einem Bauernstrich geboren. Sein Wesen hängt am Volke. Gewisse Stücke der Feuersnot sind sein Eigenstes, wie gewisse Stücke der Domestica sein Höchstes sind. Aber sein Kopf ist der eines Ingenieurs. Nichts von Schönheit, von Rührung, von Pathos ist darin, nur das unendlich nervöse Spiel eines Technikers, der in seiner Raffiniertheit echt bleibt. Die Spiele seines Gehirns sind naiv, und sein Temperament ist klug. Er geht auf bayrischem Boden und der Kopf lebt in dem äußersten Bezirk des Modernen. Er ist ein Könner von unnachahmlicher technischer Fertigkeit, und seine Kunst steht außerhalb aller Zunft und Meistersingerei. Er liebt heimlich alle Feinheiten vergangener Stile und findet sich selbst täglich vor dem Entschluß einer Revolution. Er kennt alle Reservate einer privaten Muße und hat das Tempo unserer Zeit, das hastende, peitschende, überfließende Tempo der rastlosen Zeit in seiner Musik staunenswert wahr hingestellt. Er ist die Divergenz des Menschen und Künstlers. Die Vollendung von Berlioz. Alle Kompliziertheiten unserer Vererbungen und Strebungen sind in ihm musikalisch geworden. Ja, eine Großstadtmusik. Aber auch wirklich die einer Großstadt. Einer echten Großstadt. Weil sie ein Naiver, ein Germanischer schuf. So umzirkle ich diesen merkwürdigen, wichtigen Mann.

Jetzt tritt er an die Elektra heran. An eine Legende voll starker Leidenschaften und ohne Liebe. Die Kühle der Antike reizt seinen technischen Geist, die Wucht der zyklopischen Welt bringt ihn auf letzte musikalische Vorstellungen, die immer an der Grenze der Musik liegen. Sein Material hat er zur Hand. Die Deklamation des Textes ist von einer unangreifbaren Wahrheit, aber zugleich so äußerster Ausdruck, daß die Stimme nur symphonisches Instrument wird. Die Symphonie selbst läuft in den kühnsten Wegen eben jener musikalischen Gattung, die etwas von einem essayistischen Wert und auch Reiz hat. Sie ist klug gebaut. Sie beginnt mit der impressionistischen Szene der ängstlichen Mägde, setzt darauf den großen Bogen des Elektramonologs, spaltet die Stimmung durch die weiche, walzerhafte Chrysothemis, öffnet den schaurig schönen Abgrund der Klytämnestra, schüttet darüber die versteckte Erotik der zweiten Schwesternszene, entwickelt das rührende und starke Wiedersehen mit Orest und schließt mit dem Triumph, der Liebe und Tod, Rache und Tanz in sich hält. Die Nieten dieses Baus sind Motive, an sich von geringer Bedeutung, an gefühlvollen Stellen oft von einem fast italienischen Leichtsinn (wie bei Berlioz), nichts als stilisierte Farben, Charakter oder Assoziation, mit denen das koloristische Werk in einen baulichen Zusammenhang gebracht wird. Das

Orchester arbeitet mit allen Mitteln des neuen Technikers. Die prachtvolle Vertiefung der Bläsergruppen dehnt sich auf das Blech aus, das in Nibelungenstärke auftritt. Als Gegenstück wird die Violine in drei bis vier Gruppen zerlegt, die eingestandene Konsequenz unserer Streicherteilung, hier ein symphonisches Abbild des weiblichen Stücks, das sich auf einem so sonoren Baß ernster Ereignisse aufbaut.

In der Tat, eine Salzburger Anschauung der Elektra ist das nicht. Sie ist auf dem Niveau der letzten modernen Intellektualität entstanden. Sie fordert von sich und von uns. Wir dürfen sie ablehnen, wenn wir unsere Zeit ablehnen. Aber ich fühle mich fruchtbarer, unsere Zeit zu lieben und diesen ihren Ausdruckswillen zu bewundern. Mit den alten Ohren hört ihr das heraus, was das Unwesentlichste ist, gewisse Liebenswürdigkeiten, zu denen sich der Instinkt von Strauß oft bei der mittleren Wendung seiner Stücke verpflichtet glaubt. Mit den neuen Ohren hört ihr die Metaphysik unserer Zukunft. Die unsterbliche Elektra ist ein Vorwand geworden. Der neue Geist gewinnt unter ihrem Schutze den Mut, Himmel und Hölle zu untersuchen. Das Gefühl, die sentimentale Hingebung wird abgedankt. Der Geist ist es, der Geist, der sich die Brücken und Schachte baut. Seht ihr, wie wir Essayisten dasitzen und seine Blitze auffangen? Durchlebt die Partitur der Elektra: die alten Tonarten, die Melodien, die Alterierungen der Harmonie, die Bizarrerien des Rhythmus, die Farben der Töne und Töne der Farben enthüllen sich euch in einem ungeahnten, vielfältigen, ausgebohrten, destillierten Reichtum, der euch nur so lange erschreckt, als ihr eure Organe dafür nicht eingestellt habt. Die Musik steht am Anfang der Welt. Sie wird auch am Ende stehen, sie nimmt alles in sich zurück, alle Stoffe, alle Menschen. Sie ist so patriarchalisch als revolutionär. Mit diesen Ohren hört die Elektra. Das Gehirn schafft sie sich, dann werden sie Organe, wie alle anderen. Ist es schlimm, daß ich das kann? Neues, Neues, gebt mir Neues, daß ich nicht bei Lebzeiten sterbe. Höre ich den Agamemnon-Monolog, sehe ich wundervolle Brücken aus einem Stoff, der in der Erde meiner Heimat schlummerte.

Ich liebe Salome (analysiert man seine Liebe?), aber Elektra ist die stolze Königin-Mutter geworden — soll ich sie mit Noten illustrieren? Kommt zu mir ans Klavier. Ihr werdet nicht ohne Glauben fortgehen. Elektra, ich weiß, ist reifer und gewachsener. Der Schwung der Chrysothemisszenen und der gewaltige Schluß ist auftreibend; es sind die besten Äußerungen dieser Sprache, die Strauß bisher gelangen. Die Anrufung des Orest ist sein schönstes Lied, die Agamemnon-Rufe seine erhabenste Lyrik. Dies alles ist so, wie es sein mußte. Die Klytämnestraszene aber ist mehr, sie gibt Perspektiven in seine Entwicklung, ihre hohlen Grausigkeiten sind von einem genialen, nie gehörten Erfindungsreiz: der fahle Geruch mykenischer Gräber in Musik. Ich stand einst im Atreusgrabe unter der wilden, dunklen Kuppel und draußen summten die Bienen von Griechenland. Da fühlte ich es das erste Mal.

Das ist das Urteil: die Elektra ist eine reife Gestaltung seiner bisherigen inneren Bilder und Formen, Klytämnestra aber erhebt den Finger. Das ist das Urteil — die Bewunderung geht auf das Ganze, sie fühlt die Konzentration einer letzten Anschauung, sie dankt für den Schliff des Geistes. Vom Urteile lebt unsereiner nicht, sondern von der Nahrung.

Zwei große geistige Welten über einer antiken Anregungen sind hier zusammengestoßen und zusammengeflossen. Es fordert Blut und Gehirn. Aber es ist die höchste Spannung, deren unsere Kunst fähig ist.

# OPERETTEN

Ich komme mir vor wie Popolani. Wer ist Popolani? Alchymiste au service du Chevalier Barbe-Bleue. Ein ganz famoser Alchimist, der Obervergifter des Blaubartschen Hofes, der alle die Weiber, die sein Herr (natürlich bei Offenbach) nach kurzer Heirat ins Jenseits befördern läßt, nicht ins Jenseits befördert. Was liegt ihm an der Tragik der merkwürdigen Scheidungsprozesse seines Herrn? Sein Scheidungswasser ist lieblicher. Statt Gift gibt er den Weibern Zuckerwasser. Läßt sie leben. Richtet sich mit ihnen einen Harem ein. Das Grabgewölbe, vor dem Blaubart sein tiefbewegtes Kantabile singt, ist eine Atrappe, es öffnet sich eines Tages und entläßt einen Reigen tanzender Frauen, die selbst den Ritter versöhnen. Das hat Popolani gemacht. Das ist seine Technik. Muß denn immer gleich versunken und vergessen sein? Gleich Tremolo und Moll? Er stellt die Sage auf den Kopf und läßt sie zappeln. Es kommt die Stunde, da die sechste Frau, Boulotte, ihre

Polka singt: Mortes, sortez de vos tombeaux, pour revivre, pour revivre.

Ich habe eine Erinnerung, indem ich hier sitze und etwas Unzusammenhängendes über die musikalische Saison schreiben soll. Mir geht ein Lied im Kopf herum, das Popolani sich jeden Abend anhören muß.

Ma première femme est morte

(singt es in der schönen A-dur-Melodie, singt es, singt es)

Ma première femme est morte,
Et que le diable m'emporte,
Si j'ai jamais su comment

(Chor von unten herauf: s'il a jamais su comment) — —

Nämlich der Konzertwinter wird abgemurkst, wie die Blaubartschen Frauen. Ganz genau so. (Die Melodie geht mir nicht aus dem Kopf.) Ein Abend hinter dem andern, jeden Abend fünf bis neun Stück. Jeden Winter werden neue Grabgewölbe gebaut, die Todesanzeigen stehen jeden Morgen riesengroß auf der Anschlagsäule und den nächsten Tag in der Zeitung. Die Leichenbitter halten Zitronen in den Händen, sonst nichts. Sie sind beruflich. Sie opfern sich. Lilli Lehmann sagt, sie sollen ganz rücksichtslos sein. Nur gegen sich selbst sind sie es nicht, denn sie teilen sich in die Begräbnisse. Und eine wirkliche schöne Leiche müssen sie meist versäumen, da sie genügend akkreditiert ist, wie die C-moll-Symphonie, wenn sie ein Mozartorchester probiert, oder das G-dur-Konzert, das Godowski wie eine Fliege spielt. Ich aber bin Rentier der Musik. Ich brauche es nicht so tragisch zu nehmen. Ich gehe in ein paar gute oder doch interessante Konzerte und bewahre mir ihr Gedächtnis. Manchmal dachte ich: ich gehe diesen Winter nur in Kammermusik, nächsten nur in Gesang, aber diese Genußmethode hat sich nicht bewährt. Da spielen die Halirschen Quartettgenossen den ganzen Brahms. Muß man es nicht hören? Da singt die Gmeiner, ganz farbige Beweglichkeit, oder die Culp, ganz hinreißende Persönlichkeit. Kann man das auslassen? Ochs' H-moll-Messe, welcher Höhepunkt einer Chorleistung. Nikisch, wenn er Bruckner dirigiert — welche sensible Nachempfindung einer gleichsam improvisierten Symphonie, die der Dirigent auf den Tasten des Orchesters zu spielen scheint. Ich habe schöne Plätze in der Philharmonie, ich sehe die Leute zu spät kommen und zu früh weggehn, ich lehne mich zurück und höre die alten Beethovens und Brahms, über die man nichts in den Zeitungen liest, jene ewigen Korrektive der Seele, die sich von Jahr zu Jahr in sich und in uns nuancieren, an denen wir uns eigener, unzerstörter, unzerstörbarer Bezirke erinnern, in die Hunderte von neuen Stücken niemals hineingelangen, nie fertig und immer vorhanden ...

Il nous reste Popolani. Popolani sagt, ein Mörder, der Couplets singe, sei ihm unsympathisch.

Und kann man diesem Konzertblaubart Konsequenz nachsagen? Mozarts Don Juan, der ja eine ähnliche Karrière gemacht hat, entwickelt sich aus einem Buffo zu einem Tragico, Offenbachs Blaubart aus einem Tragico zu einem Buffo. Diese Leute haben also Seelenqualen. Blaubart sagt, wenn ein neuer Mord an die Reihe kommt: Vous avez le droit de crier. Gewiß, das Opfer hat das Recht zu schreien; aber wenn der Kritiker es verreißt, wer hat das letzte Wort? Dann darf Blaubart nicht die Beine schwingen und über den Tod seiner Frauen nicht einen Schottischen tanzen. Entweder man begräbt sie oder man ist Lebenskünstler, Popolani. Popolani ist der Rentier der Gelüste seines Meisters, den er für sich sorgen läßt. Welcher Fortschritt gegen Leporello! Er ist der einzige Konsequente in diesem Leben. Er sagt: Blaubart nimmt die Schönheit von der frivolen Seite, ich von der kulturellen. Ich bewahre sie mir im Kämmerlein, so lange meine Kraft reicht (natürlich!), dann lasse ich sie tanzen, bis die Mörder auf die Knie sinken.

La deuxième et la troisième,
Ainsi que la quatrième,
Je les pleure, je les pleure également.

Nein, eine habe ich doch vergiftet: die Nicodésche; sie gab mir Zuckerwasser, da gab ich ihr Gift. Die Nicodésche grande symphonie, mit 64 Streichern, 33 Schlaginstrumenten, Chor, Solo und sämtlichen Schikanen, die wichtigste aller Novitäten, hieß Gloria. Gloria, Sturm und Sonnenlied. Man kennt das schon: Werdelust, Durchs Feuer, Sonnentag des Glücks, Stillste Stunde (die ist gut), Um das Höchste, Der neue Morgen — die alte Sehnsucht des Musikers, der einige Gedanken, aber mehr Noten zur Verfügung hat, Primanerphilosophie. Gedankenverbindung im Programmbuch: Das Fatum sprach „Du warst gewarnt! Versuche nie, zu — bekehren! . . . Doch dir winkt Schöneres noch: Deinem Selbst und deinem fortglühenden Trachten zu leben auf dem freien Berge; mit weitem Blick ins Tal, umgeben von dem treuesten Hirten und von ewiger Reinheit der nie trügenden Natur.“ Hopsasa: je veux faire une chose immense, singt Blaubart, grands principes, je vous dévance. Da geht der Kampf los. Das Ideal kämpft mit der Banalität (ein gemeiner Militärmarsch), mit der Sensation (ein Walzer), mit der Mode (eine Polka), mit der Virtuosität (eine Riesenkoloratur). Was macht Nicodé? Er schreibt Marsch, Walzer, Polka, Koloratur. Er hat die Anführungszeichen vergessen, die ein geistreicher Musiker in die Färbung oder das Tempo oder die Dynamik legt. Er schreibt es breit und gelassen ohne Gänsefüßchen. Er wirkt mit den Wirkungen, die er bekämpft. O Gott, o Gott! Er ist ein Musiker ohne Interpunktation. Auch sonst, redselig ohne Auge, gedankenvoll ohne Ohr; ich vermute, daß er vermögend ist. Und er meint es so gut. Ein Fall für viele; ein interessanter Fall. Es war heiß im Saal.

Marchons au pas, et puis au trot, puis au galop, au grand galop — Hop! la! Hop! la! Hop! Blaubart tanzt. Diese Ehe mag er wegtanzen.

Aber Vivien Chartres, die war mir lieb. Im Bronzenwald der Wohnung Paul Lindaus hörte ich sie. Blaues Kleidchen, blondes Haar, eine kleine Micaela. Nicht im Saal, sondern im Salon hörte ich sie. Die Anekdoten Paul Lindaus schwirrten durch den Raum. Ich möchte gleich vier nacherzählen, besonders Grete Begas-Anekdoten, zum Beispiel mit dem Faktotum, der Auster, die von einem stotternden Tischler in den Sarg gelegt werden sollte. Er sagte: „Kch, w — w — w — wir m — m — ma —". Der Lehrjunge sagte: „Der Meester meint, wir machen das immer so mit dem schiefen Kopf, das ist lieblich." Doch er mag das selbst erzählen, wenn er auch sagt, Grete Begas erzählte es besser. Wer erzählt von uns, wie er, wer modelliert so seine Erlebnisse? Dormez bien, chères âmes. Und dann wird es ruhig und die kleine Vivien spielt ein paar Stücke mit der blendenden Technik und stupenden Einsicht der Kinder, bei der uns das Wunder nicht in diesen Talenten, sondern in unsern Unfähigkeiten zu liegen scheint. Die Anekdotensphäre des Saales perlte von ihren Saiten, verdichtete sich in fliegende, silberne, klingende Tropfen, die in die Stille wie Offenbarungen eines zweiten Gehörs niederfielen. Das Kind setzte sich zu den Kindern aufs Sofa und lachte. Ein kleiner Heiligenschein war um ihr

Haar. Die Mutter erzählte von Neapel, von einem Konzert, das sie da gaben, und wie sie mit dem Auto nach Hause fuhren, und die Menge drängte ihnen nach und berührte das Kind und ließ sich Lottonummern von ihm nennen und rief weit über die Plätze: è assistita.

Liebe kleine Vivien, liebe Assistita, laß dich nicht von dem Saisonwolf fressen, laß dich nicht vom Blaubart ruinieren, komm mit all den anderen, die ich wie dich liebgewann, zu mir, dem vorsichtigen Popolani. Meine Schule ist die bewährte, das werden dir diese Lieblinge sagen:

J'ai fait ma part dans cet orchestre,
Car la deuxième, ce fut moi —
Moi, je n'ai duré qu'un trimestre,
Quatrevingt-dix jours, après quoi —
Maintenant, nini, fini,
Il nous reste Popolani.

Siehst du, so geht es. Hat Nedbal nicht mit seiner schönen Bratsche die Böhmen verlassen; ist Weingartner, der die Oper verschwor, nicht nach Wien gegangen, und Mahler, der alles für Wien tat, zu Conried, und Muck zu dem vortrefflichen Herrn Hickinson in Boston, der so reich ist, daß er ein Orchester aus seiner Tasche bezahlen kann, und hat d'Albert nicht von seiner Oper so viele Freuden, daß man ihn nicht mehr Klavier spielen hört? Siehst du, so geht es. Und da war ich gestern im „Walzertraum", von dem man sagen kann, daß er neben dem „Blaubart" unsere Saison beherrscht. Und dort sah ich etwas Schreckliches. Da kommt ein fesches Wiener Mädel vor, auch eine kleine Geigerin wie du, und ist so lustig und vergnügt, daß sie gar nicht merkt, einen wie dummen Walzer ihr der Komponist zu singen und zu spielen gegeben hat. Weißt du, wie die endet? Zuletzt geht eine Portière auf und sie steht auf einem Podium und geigt diesen Walzer hoheitsvoll einem Liebespaar vor, das in höchst pathetischer Haltung die höchst sinnigen Konflikte dieses Dramas zu höchst versöhnlichem Ausgang bringt. O, wie schüttelt einen das. Sie befriedigt die niedrigen Instinkte des Publikums.

O wie schüttelt einen das! Göttlicher „Blaubart", Wunder der Groteske, Breughelscher Spuk, Wahnwitz des Geistes, Küsse italienischer Süßigkeit, Spott aller derer, die sich bücken müssen, und Lust aller derer, die Kränze winden, ist dieses deine lustige Witwe? Ein Liedchen fiel ihr ein, Duett zwischen Geige und Flöte, das ich mir gefallen lasse. Leer ist sie sonst, leer bis auf den Grund. Es ist so weit, daß mit Sentimentalität die Lustigkeit entschuldigt wird. Während das Zwerchfell gerührt wird, rührt man die Tränendrüsen. Diese Mischung behagt. Dies ist der Erfolg. Es ist eine Spekulation darin auf niedrige Terrains. Je geschickter, desto schlimmer. Je leerer, desto raffinierter. Popolani verhüllt sein Angesicht. Gift für Zuckerwasser.

Verflucht, der „Walzertraum" hat mich sentimental gemacht. Was sehe ich es mir auch aus Wissenschaft an? Wißt ihr, was von der Wissenschaft kommt? Im dicken Meyer steht unter Vokabel „Offenbach“: Die Popularität seiner Melodien wirkte in hohem Grade geschmackverderbend. Nun also, und Friedrich Schlegel sagt von Mozart, seine Musik sei eitel und weichlich verderbt. Nun also. Kommt, Kinder, laßt das, kommt, gebt mir die Hände, Vivien du mit mir voran, die andern nach, kommt, tanzen wir, hoffen wir, lachen wir, lieben wir, himpa, humpa, himpa, humpa

Tous les deux, Amoureuæ,
Nous tenant un doux language,
Nous allons, Nous venons,
Nous parcourons ce bocage . . .
Il n'est pas, Ici bas,
D'autre bonheur dans la vie — —

Singt, singt!

# AKROBATIK

Ich weiß nicht, wie ich daraufkomme, Wintergarten, eine bezähmte Widerspenstige, ein russisches Zirkusfest und allerlei schlechte Operetten — es hängt in mir zusammen und ich will es lösen. Ich schwärme für das Akrobatische, aber ich gestehe es nicht ein, drei Menschen in grauseidenem Trikot, ein Mann und zwei Frauen (wie frisiert man sich als Akrobatin?), hängen an Trapezen, werfen sich ihre Körper zu, schieben sich aneinander auf und ab, fangen sich und kürzen und verlängern sich, drei geschmeidige Leiber, im exaktesten Tempo gleichmäßig sich wieder aufschwingend, Bein hoch, Schwung, Sitz. Ganz parallel, bis auf die Zehntelsekunde. Ich gestehe es nicht ein, daß ich das wundervoll finde, allerhöchste moderne Technik, einzig vollendete Kunst, totales Können, Überwindung der Schule, letzte Form — es ist phantasielos. Ist es phantasieloser als der Tanz? Vielleicht doch nicht. Der Tanz ist bürgerlich, dieses ist zwischen dem Aristokraten und dem Affen. Adel des Körpers und atavistische Gelenkigkeit. Es hebt sich auf (im Tanz trifft es sich) und darum ist es auch nicht mehr phantasielos: eine einzige Paradoxie in letzter technischer Vollendung. Dies wird der Grund meiner Schwärmerei sein. Ich sehe (vier Monate war ich im Wintergarten) eine große Gesellschaft sportmäßig gekleideter Herren und Damen, sie werfen und kugeln Reifen in verblüffender, und doch klarer Ornamentik um sich, über sich, über die Rücken, in Kreisen, in Bogen, eine rollende Arabeske eilender Kreise, die von spielenden Menschen auszulaufen scheinen. Andere werfen Teller in derselben Jonglierornamentik, Tellerketten in Spitzenstil zwischen haschenden Händen. Tänze sich werfender Weiber, die sich leblos stellen, um letzte Rhythmiken eines toten Materials darzubieten, das doch ein blühendes Weib ist. Die japanische Nambastruppe kauert als Riesenbuddha zusammen, um dann einen Jungen nur mit zwei Füßen hoch quer an einer krummen Stange schweben zu lassen, die ein Älterer auf der Schulter balanciert. Ein japanisches Ornament? Haben sich in der Akrobatik Stile und Linien der Völker erhalten? Die Bobker ben Alis treten auf, fünfzehn Marokkaner, sie machen mit ihren Leibern netzartige Ornamente, sie schreien, sie machen Knäuel von ethnologischer Gedrängtheit, sie schreien mehr, sind sehr bunt, sie haben den Jahrmarkt in den Gliedern, lösen sich auseinander, purzeln unter wüstem Geschrei über die Bühne, wobei man zwei Arten Purzelbäume unterscheidet, den, der den Schwerpunkt zwischen Armen und Füßen teilt, und den, der gleich mit dem ersten Wurf über die Arme weg wieder auf die Füße kommt. Schöne Menschen! Wieder die Paradoxie des Körpers. Hier liegt der Keim zum Exzentrik. Das Adlige wird ausgeschaltet, das Komische betont: Bewußtsein des Affentums. Ich ästhetisiere fast, aber die Phantasie dieser Leute scheint mir bewundernswert. Sie springen auf Billards, kriechen durch Öfen, turnen am Mond, kegeln mit den Köpfen, jonglieren mit einem Café oder offenbaren, wie Baggensen, eine enorme Geschicklichkeit im Ungeschickten: mit Tellessäulen, die sie fast hinwerfen, klebrigen Papieren, die sie dämonisch nicht los werden, grotesken Anzügen, dem ganzen „Kampf mit den Objekten", den sie in kunstvollster Übung stilisieren. Alles dies kann nur bestehn, wenn es mit peinlicher Genauigkeit ausgeübt wird, der geringste organische Fehler im Singtanz von Mulattengigerl, die leiseste Erinnerung des Radfahrers an sein schwankendes Material tötet im Augenblick die Phantasie. Von marionettenhafter Akkuratesse muß es sein, weil es in der Paradoxie der Technik und des Bewußtseins lebt. Wir sind an der Grenze der Puppen. Ich denke an Schichtls Marionettentheater, das die Akrobatiker nachahmt: drei Amerikaner, die im vollendeten Takt Cakewalkgrotesken machen (man denke immer im strammen Takt die Beine werfen, die Köpfe drehen, alle drei gleich), oder die Puppen werden plötzlich lang, plötzlich kurz, oder der Tod als Skelett verfolgt die Frau so gierig, daß seine Knochenarme und Beine und der Kopf sich zeitweilig von ihm trennen und in isolierter Anatomie verfolgen, oder Männer tanzen herein, klappen um, sind Frauen, ein Vogel Strauß hüpft, kratzt sich, legt ein Ei, geht ab, ein Clown brütet das Ei, ein Drache springt heraus, sprüht Feuer, fliegt in die Luft — — im Exzentrik wird die Gelenkigkeit Witz, in der Marionette die Technik Stil, hier gehen die Zweige der Akrobatik in die Künste, ins Leben, und wenn man will, ist diese Kunst von einer erschreckenden Symbolik, so konsequent ist sie, so assoziativ dabei. Bang, Vallotton, Beardsley, Somoff, Walser sahen in ihren Arten das Akrobatische im Menschen, das ein Automatisches und zugleich höchst Stilisiertes ist, und stellten es auf eine Bühne oder in ein Ornament. Da wird das Tragische komisch und umgekehrt, oder man bescheidet sich eben lachend, solche Unterschiede nicht zu machen. Dies ist die Philosophie der Regie. Ich habe Organ dafür und fasse es so tief auf, wie alles Dekorative zugleich Innerstes und Äußerstes ist.

Auch bei der „Bezähmung der Widerspenstigen", die Reinhardts genialstes Phantasiewerk war. Das Stück Shakespeares beginnt im Stil des Skaramuzzen und Scapins, und endet menschlich bewegt. Über die Stelle der Umbiegung kann man streiten, Reinhardt findet erst zuletzt den ausklingenden Akkord eines abgestimmten Halbkreises. Übertreibungen würden nichts schaden — warum nicht übertreiben? Aber vielleicht ist der Pyramidenaufbau der Schneiderkartons zu pedantisch — und Pedanterie darf nicht sein. Von Stahl sollen die Menschen federn, von Federn springen und schnellen. Der tapfere Cassian ist Marionettenstil, die Widerspenstige Clownstil. Nichts ist altenglischer. Wir sollten es wieder verstehen. Hier haben wir einmal vom Theater Theater zu verlangen und dieses Theater leistet es in einer neuen Phantasie, die uns in der Kette dekorativer Organismen noch fehlte. Es wurde ein Stück über das Stück, das sonst nicht viel mehr ist als so ein Stück. Ach Gott, die Literatur! Vom Sommerachtstraumspuk über die Was-Ihr-Wolltfastnacht zu diesem Clowntum war ein konsequenter Weg. Verstellbare dumme Dekorationen, Zwischenspiele mit Dekorationswechsel, von hüpfenden Schauspielern besorgt und von Blechs launiger Musik begleitet, Strahlenbündel hereinstürzender Menschen, Peitschenensembles und Kletterduette, papierne Pferdegrotesken und Gefühlsjongliertum — ich habe nie etwas Ähnliches an ausgearbeiteter, detaillierter, phantasiegeborener Regie gesehn und jetzt gestehe ich es ein: ich schätze die Akrobatik hoch genug, den Stil dieses Stückes zu bilden. Man hat sie in der Blüte der Commedia dell' arte auch so hoch geschätzt. Die das Komische nur äußerlich anlachen, die die tragischen Kategorien der Künste haben, können mich nicht fassen. In denen aber die eigentümliche

Macht dieser Symbolik lebendig geworden ist, die wissen, was ich berühre. Sie kennen die Linie, die von einer Geste Maeterlincks über den Pierrot lunaire hierher führt. Was haben wir zu verlieren, wenn wir den verehrenswerten Menschen einmal als springende Narren die Wahrheit sagen?

Manche ärgerten sich über diesen Zirkus im Theater. Ich muß sagen, daß ich mich über das Theater im Zirkus mehr geärgert habe. Ich war im Busch, wollte sehn, wie man das jetzt so macht, ob es weiter degenerierte. Im ganzen ersten Teil applaudierte ich einer einzigen Nummer: auf einem Dogcart jonglierten zwei Herren und eine Dame in sehr durchgearbeiteten Touren zwischen dem Wagen und dem Pferd. Dann kam eine Pantomime mit den langweiligsten und geschmacklosesten Aufführungen, Stil Metropol, plötzlich ein hinreißend forscher russischer Tanz und zuletzt ein wahres Elementarschauspiel: eine Troika rast hinter heulenden Wölfen einen Abhang herauf, Wassermassen stürzen herunter, Menschen und Vieh gleiten, schwimmen, Einsturz, Feuer, Erdbeben, alle Natur wie losgelassen (es sollte Sibirien sein). Dieser Schluß gab dem Kritiker den Stil. Der Zirkus soll in seiner großen Arena Menschen und Tiere aufeinanderhetzen. Jagd auf Tiere und Menschen. Alles, was zwischen den beiden spielt, alles in Leidenschaft und weiten Dimensionen. Ich sehe Wälder, Wüsten und Berge, und, was wir in Jugendbüchern einst phantasierten, in Kunst und Training vervollkommnet. Meinetwegen Dressur, obwohl ich gegen dressierte Pferde, auch musikalische Schulritte einen feinen Widerwillen habe. Meinetwegen auch Humor: ich sah dressierte Seelöwen, die jonglierende und musizierende Menschen auf eine höchst paradoxe Art nachahmten. Vor allem aber das moderne Tier, das kein Gegenstand der Stilisierung oder des Witzes mehr ist, sondern das Abbild der ungebändigten Natur, gegen das der Mensch seine Jagdkünste ausbildet, um diese Spannung zweier Tyranneien auf ihre letzte Form zu bringen, — das Tier von Liljefors, Jensen, Kipling, Jack London, Madelung, nicht das von Sperling und nicht das Meyerheimsche. Das, was in den Stierkämpfen Europäisches ist. Unser Zirkus borgt von Jahr zu Jahr mehr bei den Nachbarinstituten. Er verliert die Haltung. Der akrobatische Mensch an sich, der auf der Bühne, der gegen das Tier — alles hat seine Methode. Und viertens will ich von seinem Verhältnis zur Musik sprechen.

Dieses ist das übelste geworden. Unserer Operette ist jedes akrobatische Gewissen abhanden gekommen. Offenbachs Größe ist diese feine körperliche Rhythmik, die nicht nur als grotesker Stil seine Figuren hält, sondern auch seiner Melodie und seiner Harmonie innerlich eignet und ihre Linie bestimmt. Die französische Operette nach ihm hatte von solcher Buffotradition noch genug übrig, um wenigstens im graziösen Spiel der Stimmen zu glänzen. Die Wiener Operette, unter deren Herrschaft wir stehen, liebäugelte von Anfang an mit der Oper, und das ruiniert sie. Die Fledermaus war nur durch ein musikalisches Genie, Johann Strauß, zu retten, der sie so gut erfand, daß man keine Gefahr witterte, und so rein hielt, daß kein falsches Gefühl hineinkam. Diese Abnormität verführte. Strauß selbst kokettierte gern mit der Oper und die Heutigen tun es alle. Die Kompositionen von Lehar, Straus, Fall, die eine unerhörte Popularität erlangten, sind Zwitter. Straus erfindet bisweilen einige nette Tänzchen, Fall hat eine gute Bildung in volksmäßigen Ensembles und Couplets, Lehar ist von einer unausstehlichen Süßlichkeit. Seine Sehnsucht zur Oper ist so groß, wie sein Talent dafür klein ist. Er arbeitet mit Sentimentalitäten, daß man fette Mundwinkel bekommt. Er lockt die schlechten Instinkte eines Publikums, das immer wieder schluchzt, wenn ein verliebter Mond scheint, und immer wieder Glücksgefühl hat, wenn zwei auf der Bühne einen Walzer tanzen, den jeder Leierkasten spielt. Loin du bal, Gebet der Junfrau, Klosterglocken, Kempinski, Café Riche in einem. Schreckliche Texte mit dem Geistreichtum der Tischkonversation, die man hinnimmt, weil Millionen sie hinnehmen. Allüren einer Oper, die man anerkennt, weil man sie versteht. Neulich nahmen wir Heubergers „Opernball" vor, aus Trotz gegen diese Misere — es klang uns wie ein Aschenbrödel in silbernen Pantoffeln. Es wird zertreten von diesen Horden. Die Entrüstung lohnte nicht bei kleinen dummen Volksbelustigungen. Aber die fade, unwahre, erfindungslose und dick beschmierte moderne Operette erobert die Theater und nimmt den wahren Begabungen Platz und Luft weg. Ich hasse sie. Ich wünschte ihr einen ordentlichen Kursus im Varieté: Rhythmus, Akrobatik, Straffheit, Exaktheit. Das fehlt ihr. Außer Walzer und Marsch kennt sie kaum noch einen Takt: und welche Takte könnten wir erfinden. Sie schildert geschiedene oder nominelle Ehen, wie sie wirkliche Ehen werden — faule Fische, sie hätte das ganze Material an öffentlicher Karikatur unserer Zeit und Bildung und Moral, das sie in köstlichen Stilisierungen, paradoxesten Akrobatiken, sprühenden Clownerien auf die Bühne bringen könnte, ein Fressen für die jungen, buffonesken Talente, die wir in der Musik haben, die sie finden und erziehen würde, wie der Simplizissimus seine Zeichner. Welche Möglichkeiten! Laßt die opera seria und kehrt zur buffa zurück. Die hatte alles: die Rhythmen, die Akrobatiken, den Stil und die Satire. Macht euch nicht falsch vornehm. Denn es gibt nichts Besseres, als eine gute Operette, und nichts Schlechteres, als eine schlechte. Die Engländer hätten vielleicht das Clowntum der guten Operette retten können, sie hatten die Überlieferung und das Organ. Aber ihre musikalische Erfindung war so mäßig, daß sie es über den „Mikado" nicht herausbrachten.

# TÄNZE

Die Sezession lud zum Besuche des russischen Balletts ein, mit dem Bemerken, daß sie aus dieser vollendeten Kunst eine Regeneration des modernen Bühnentanzes erhoffe — mehr, als aus den Dilettantismen der sogenannten modernen Tänzerinnen. Es ging heimlich gegen die Wiesenthals — aus Gesprächen habe ich's gemerkt. In die Sprache der Malerei, des eigentlichen Sezessionsgebietes, übersetzt, heißt das: die Bilder, die wir aufhängen, besonders die Dekorativen, ganz besonders die der Wiener Sezessionsgruppe und die der stillen Volkskünstler, halten wir für dilettantisch, wir werden euch zu einer Ausstellung von Lancret und Watteau einladen, dies wird euch regenerieren. Parbleu! Dies Mißverständnis muß beseitigt und alles wieder nach seinem Recht gestellt werden, genau so wie Liebermann, Präsident der Sezession, seinerzeit selbst die englische Porträtausstellung zurechtgerückt hat.

Der rauschende Erfolg des Petersburger Hofballetts ist mir verständlich. Unsere hiesigen Bühnen, am wenigsten die Wiener, sind in Ballettdingen nur ein Torso der großen alten Kunst, und zu modernen Problemen noch nicht entschlossen oder reif. Da kommen von auswärts wohlerzogene Künstlerinnen und öffnen uns die Augen für die Schwärmerei unserer Großväter. Sie verunstalten die alten Balletts nicht, sondern lassen sie — ahnungslos — in ihrer primitiven Gestalt: Adams Giselle und das schlecht bewachte Mädchen von Härtel, beide mit einer vergessenen entzückenden Musik, die sich noch aller Möglichkeiten stramm kommandierter Rhythmen bewußt ist. Dazu machen sie Divertissements, Nationaltänze, in denen die Takte fieberhaft schlagen und exotische Pas ihre Reize enthüllen. Es ist der Standpunkt 1830 bis 1850, da die Elßler mit ihrer Cachucha berühmt war und die Taglioni mit den Engeln um den Preis der Sylphidenleichtigkeit stritt. Die Tänzerin ist ein Lebenselement für das Publikum. Ihre persönliche Rhythmik ist eine Bildungssache, wie die Stimme der Destinn oder Hempel. In Petersburg geben sie alle paar Tage ganze Balletts. Es gibt dort mehr als eine Pawlowa. Ich weiß die Namen nicht, aber sie bilden dort Parteien um die Tänzerinnen und spielen deren Vorzüge gegeneinander aus. Die Dekoration ist prächtig, der Kapellmeister taktsicher, die alte Zirkuskunst mit den Gazeröckchen, die sich jedem Realismus des Kostüms hartnäckig widersetzen, der glänzende Flitterkram und die lächelnden Mündchen, die Posen der Pas de deux und die Anzahl der Entrechats bei den tanzenden Männern — es ist die Sphäre der grandiosen Beinkoloratur, italienische Melodie und Figuration im Tanze, Virtuosität im Glanze der Gesellschaft, noch weniger störend als Gesang, stumme Opern, in denen auch die Tragödie sich in Pirouetten auflöst. Rußland und Kopenhagen haben es konserviert. Sie senden diese Konserven nach Europa. Man bewundert die Delikatesse. Man schnalzt mit der Zunge der Biedermeier. O ja, das ist Kultur, liebt man zu sagen.

Die Jegorowa war die Fleißige: sie hat alles gelernt, aber nicht in Persönlichkeit umgesetzt. Der Eduardowa war die Rasse: sie wirft ihren Körper wie eine Schwimmerin in der Luft. Die Will war die Anmut: sie produziert ihre Kunst aus einer kindlich holden Naivität. Die Pawlowa war das Wunder: eine Feder, die in den gewagtesten Voltigen ihre rhythmische Grazie nicht aufgibt. Ihre Battements sind wahre Triller, ihre Jetés Flugvisionen, ihr Laufen ein skandierter Vers, ihre Equilibration ein entzückendes Kugelwerfen des Schwerpunkts, ihr Zehenschritt ein letztes Küssen der Erde, ihre Attituden Statuetten von Canova, ihre Arme menschgewordene Wellen, ihr Köpfchen der kokette Beobachter all dieser Künste, immer der Bewegung ein Viertel voraus, wie eine Erinnerung des Letzten und zugleich Ahnung des Nächsten, und ihre Pantomime eine große schauspielerische Konzentration von der Schärfe und Spannung der Bewegungsphrase, daß man die Schwärmerei der Alten für diese Kunst versteht, die um so leidenschaftlicher erscheint, als sie die Worte nicht auslöst. Ja, in ihrem Anblick wurde die Geschichte Gegenwart. Man wußte jetzt, daß die Rokokoarchitektur der Beine nicht bloß eine leere Künstelei gewesen war, sondern daß sie im Rhythmus dieser Nachkommen der Camargo und Guimard eine wundervoll organisierte Entstofflichung des Körpers darstellte, der so trainiert ist, daß er das Schwergewicht beinahe aufhebt, die Erde beinahe nicht mehr berührt, dem Wirbel der Bewegungslust beinahe alles nachgibt. In dem Beinahe lag der letzte Charme. Noch Körper sein dabei — das ist die feinste der Sinnlichkeiten, die uns das Wunder zum erlebten Rausch macht.

Der erlebte historische Rausch ist aber die Gefahr, eine Gefahr der Verwechslung von Ursache und Wirkung. Die Rokokobilder hängen in den Museen, die Rokokobauten stehen in den Parks; wir sagen uns, damals sind sie einmal geschaffen worden, aus ihrer Notwendigkeit heraus, in ihrer Zeit und für ihre Zeit, es ist richtig und gut, daß wir heut anders malen und bauen, wir sind andere Menschen geworden. Die Rokokotanzkunst, die in ihren Bewegungen das System dieser unbewegten Künste flüssig macht, ist an den Augenblick gebunden, sie stirbt mit der einen Tänzerin dahin, um mit der nächsten wieder zu leben und wieder zu sterben. Sie strahlt und verpufft wie das Feuerwerk. Gerade darum hat sie eine stärkere Schule und Überlieferung, gerade darum konnte sie sich in einigen Exemplaren bis zum heutigen Tag erhalten. Indem wir sie wieder neu an einer lebendigen Tänzerin genießen können, sind wir leicht dem Mißverständnis ausgesetzt, als ob dieser lebende Körper mit einer lebenden Kunst identisch sei. Wir freuen uns des Augenblicks, genießen historisch und vergessen die Zukunft. Würde Talma heut auftreten, ginge es uns vielleicht ähnlich. Es tut weh, diesen Fehler aufzuzeigen. Denn diese Mädchen tanzten vollendet, und weder die Ruth St. Denis noch die Wiesenthals noch irgendeine der vielen gebildeten Reformtänzerinnen können das, was diese da können. Aber es hilft nichts: schlagt euch die Beine der Pawlowa aus dem Kopf. Seht sie an und vergeßt sie. Sagt euch: in diesen vertrackten, sinnlosen Bewegungen wird allem ästhetischen Empfinden der Gegenwart Hohn gesprochen. Nein, das klingt zu akademisch — sagt euch: fossile Schöpfungen gehören ins Museum, auch wenn sie sich noch bewegen, es ist ja nichts als die anmutigste Akrobatik, Virtuosentum elegantesten Stils, natürlichste Unnatur, ein Apparat von Verzierungen, der das einfache Empfinden erstickt, ganz außerhalb aller unserer Absichten, hundert Jahre vom heutigen Kunstgewerbe entfernt, tausend Jahre von unserer Musik, von unserem Sport, von unserer Bürgerlichkeit, vom neuen Menschen. Bekennt Farbe!

Keine Inkonsequenz! Wenigstens keine programmatische.

Die Ruth St. Denis erfüllte in gewissem Sinne unsere Sehnsucht nach dem neuen, individuell bewegten Körper. Ihr Genre schien eine Spezialität: der indische Tanz. Aber dies war doch Nebensache. Sie hat die Gabe, organisierte Bewegung persönlich zu gestalten, das ist ihr Vorzug vor den meisten ihrer dilettantischen Kolleginnen. Sie singt mit ihrem Körper keine Arien mehr, um mit den Beinen die Koloraturen dazu zu machen, sie theoretisiert nicht wie die Duncan, sie kostümiert nicht wie die Sachetto, sie doziert nicht Musik wie die Allan, sie lebt den Körper der modernen Malerei und Plastik: nur soviel stilisiert, als sich natürlich ergibt, einfach und eigentümlich, Phantasie im Kostüm, schlichte Klarheit der Bewegungen, vom geradlinigsten Schema bis zum Schlangenornament. Was die guten Tänzerinnen der Rasse, die Guerrero oder Saharet, instinktiv boten, bietet sie intellektuell. Was die Duncan nur intellektuell bieten konnte, bietet sie in Sinnlichkeit. Die Intellektualität ist die kleine Gefahr dieses neuen Tanzes. Nach einer Epoche der Schule und des Temperaments sind wir in Gefahr, zu viel zum Tanze zu studieren, Bücher darüber zu schreiben, Bilder zu kopieren. Das geht durch alle unsere Versuche. Wir können heut nichts reformieren, ohne uns genau zu vergewissern, wie alles war, ist und sein wird. Darum war die Ruth gut. Sie schöngeisterte nicht. Sie konnte tanzen, hatte ihre eigentümliche Rhythmik der Hüfte und der Arme, und setzte Träume in Wirklichkeit um, aus dem Kopf für die Sinne. In den Bildern von Ludwig v. Hofmann bis Hodler hatte diese Rhythmik geschlummert, wie Salome im modernen Orchester. So ist sie erlöst, wieder Bewegung geworden, eine bestimmte Tänzerin geworden. Dies war mehr als alle Entrechats.

Die Wiesenthals scheinen weniger spezialisiert als die Pseudo-Indierin, und sind es doch mehr. Sie sind ganze Wienerinnen. Von ihrer feinen Art, Menuette zu stilisieren oder Tarantellen zu verlebendigen, will ich weniger sprechen. Das Herz lacht bei ihren Walzern. Ich frage: zieht ihr wirklich die Ballonés einer Ballettdiva dieser natürlichen Anmut vor, mit der hier Schubert und Lanner getanzt wird? Dies ist Schubert und Lanner. Wie sie sich reihen, eins zu zwei, zwei zu drei bilden, sich schlingen und durchlassen, sich parallelisieren und vereinzeln, in kindlicher Freude und Spiellust, da sind aus Porzellanfiguren wieder Menschen geworden, Rhythmen unseres heutigen ehrlichsten Empfindens. Blickt auf die Nuancen unseres Gesellschaftstanzes. Seit Jahren öffnet sich merklich das starre Schema des klassischen Walzers; two steps und alle Variationen der Polka und des Dreischritts kennen wieder die koketten Manieren des offnen Tanzes, die Arme locken und umfangen, die Füße eilen und retirieren, die Köpfe suchen und grüßen, das Tänzerische besiegt das Gesellschaftliche, der Körper die Gruppe, die Nuance die Konvention. Man tanzt mehr und lieber. Es ist Sportzeitalter, allgemeine Körperbewußtheit. Aber es ist Volksempfinden und ungemessene Freude. Die Walzer der Wiesenthals sind kaum durch eine Rampe von dieser Heiterkeit geschieden. Sie lassen die Künste und lieben die Kunst.

Aber doch gibt auch ihnen die Intelligenz keine Ruhe. Schließlich stehen sie auf einer Bühne, in dem künstlichen Rahmen einer aparten Vorstellung. Dort wird Beardsley getanzt oder dieser und jener Ornamentiker, ein wenig schlägt von der Luft der Kabaretts hinüber, in denen wir oft zu unserm Staunen die Spinne, die Schlange, die Eidechse, die Maus, hundert Formungen eigentümlicher tierischer Bewegungen sehn, animalische Orchestik, das Ballett der Fauna zu einer Arabeske geworden — es vereinen sich die Kreise des Kunstgewerblichen und Theatralischen zu einer neuen intimen Wunderlichkeit. Grete Wiesenthal hat das Organ. Ihr schmaler, knabenhafter, sensitiver Körper verliebt sich in die Figuren, die dem Wiener Gewerbe Stil geben. Ein wenig von der eckigen Gotik Minnes, ein wenig von der dekorativen Flächenmusik Klimts, Linien von Mackintosh bis Moser, Schrecker komponiert eine Symphonie über den Wind und panische Szenen im Debussystil, schleichend und kapriziös, man will den Wind und das Panische darstellen, wie es die Sezession malt, Stilisierungen von Naturbewegungen und von Naturempfindungen, das getanzte Dekorative. Nicht alles gelingt, das Zittern und Biegen der Bäume bleibt Gedanke, anderes wird leben. Grete tanzt im dünnen braunen Kleid, schmal und kapriziös, sie läßt den Leib tanzen, die Haare tanzen, die Gefühle tanzen — panisch erregt. Sonderbare Bewegungen eckig gestemmter Arme, wild geworfener Nacken, gierig gesetzter Füße bringen ungewohnte Reize. Sie kann es. Sie hat die rhythmische Lust und die tänzerische Genialität, Phantasie im Orchestischen und allen Training im Tanzwillen. Es waren Momente des originalsten modernen Tanzes, unsere dekorative Welt in den Menschen zurückgebracht, unsere Ornamente und Formen in einen lebendigen Takt aufgelöst, Verschmelzungen von Tanz, Malerei und Musik, die nicht im Kopfe eines Dichters, sondern im Leibe eines temperamentvollen Weibes wuchsen.

Wer unterstützt das nicht? Die Wiesenthalsche Kunst wuchs organisch aus dem Wiener Boden, aus Volk und Milieu. Die der Ruth St. Denis aus der Reaktion gegen das Virtuosentum. Alle Intelligenz wird durch Technik gedeckt. So ist es wahr und fruchtbar. Moritura nos salutas, Pawlowa. Was ihr für die Vergangenheit des Balletts bedeutet, bedeuten diese für seine Zukunft. Daran soll man nichts deuteln.

# ALTFRANZOESISCHE KUNST

Nur ein schnelles Wort über die schöne Ausstellung französischer Meister des achtzehnten Jahrhunderts in unserer Akademie. Leider nur ein schnelles. Die Goncourts haben zwei Leben verbracht mit der Vertiefung in diese eine Welt — wir stürzen hindurch. Wie damals die englische Porträtausstellung ist diese französische sofort wahnsinnig populär geworden. Es ist politischer Fond. Der französische Staat leiht Gobelins und Bilder an den Pariser Platz in Berlin. Das Merkwürdigste: der Kaiser besitzt einen größeren Schatz an Watteaus, Lancrets und Paters, als Paris selbst. Rothschild und der Kaiser haben fast diese Ausstellung gemacht. Sie wird mit politischem Aplomb eröffnet. Man sieht die galante Welt des Dixhuitième, aber wie wohl zu beachten, nicht die gar zu galante. In den Stichen, die meist der Berliner Sammler Model hergegeben hat, in den Bildern sind Laszivitäten ausgeschlossen. Gleichwohl haben diese Maler und Stecher so starke Sachen geleistet, daß man sie früher nur von diesem einen Punkte aus zu beurteilen pflegte. Muther stellte die Geschichte dieser Kunst als einen Organismus der Frivolität hin, in den Etappen: Watteau der Flirt, Lancret der Cicisbeo und die Schenkel, Boucher die Orgie des Olymp und Fragonard die surprises de l'amour. Aber in dieser Ausstellung sieht man nichts Schlimmes. Die Pompadour liest ein Buch und Lancret spielt Blindekuh. Die Ausstellung ist sehr voll. Die Berliner geben ein Eintrittsgeld aus, wie sonst kaum für ein Jahresabonnement. Es ist bürgerlich. Man geht mit den Kindern hin. Aber man hört nicht die guten Bemerkungen, wie in den noch besuchteren Ausstellungen ähnlicher Qualität in der Ecole des beaux Arts oder der Guildhall. Ich glaube: man muß dagewesen sein.

Muther verzeihe es mir: ich bin des achtzehnten Jahrhunderts überdrüssig und kann von den Kavalieren und galanten Damen nichts mehr hören. Ich finde die Liebesliteratur dieser Zeit geistreich, aber schal und gefühllos. Die Bijoux indiscrets langweilen. Wir haben mit einer Epoche, der das Vergnügen ein Prinzip war, nichts mehr gemein. Wir sind zu sehr Arbeiter geworden, zu zielbewußt. Immer Tanz und Promenade und Toilette und Maske, das halten wir nicht aus. Man hat zu lange diese Bilder als Illustrationen zur Kultur betrachtet, weil man in diese Maskenbälle verliebt war. Man beginnt jetzt in die Maler selbst verliebt zu werden und sich den Teufel darum zu scheren, was sie gemalt haben, aber ihre Malerei zu bewundern. Wir sind sehr zielbewußt. Wir verstehen keinen Spaß mehr und revolutionieren gegen die Periode des achtzehnten Jahrhunderts, die wir alle einmal durchgemacht haben. Das ist das Schicksal dieser Bilder. Einst, als sie gemalt wurden, gingen sie durch die Welt als äußere Denkmale einer lebenslustigen Epoche. Dann waren sie als Frivolität verachtet. Dann wurde die Frivolität Gegenstand des Interesses und jetzt endlich werden sie wieder selbst interessant. Jetzt endlich ist man in Watteaus Seele angelangt, der ein häßlicher, einsamer und misanthroper Mensch war und sich an der guten Gesellschaft, die er zu malen hatte, dadurch rächte, daß er sie gut malte. Jetzt sieht man den Corot in Watteau, den Renoir in Boucher, den Manet in Chardin, den Whistler in Fragonard. Was sieht man nicht alles. Wir sind ahnensüchtig geworden, weil wir demokratisch wurden. Wir müssen uns in der Vergangenheit festigen, weil wir die Zukunft nicht wissen. Die ganze Kunstgeschichte wird auf das Motiv „malerisches Temperament" umgedreht. Es ist immerhin ein Zeichen von Lebenskraft, wenn man noch so einseitig sein kann.

Ich darf sagen, daß ich in dieser altfranzösischen Kunst literarisch gelebt habe, so lange ich sie zur Illustration brauchte. Niemals sah ich so viel davon zusammen wie hier und mit einem Schlage war das illustrative Interesse aus. Die Farbe und das Original führte zur Malerei zurück. Wer das achtzehnte Jahrhundert literarisch überwinden will, gehe in diese Ausstellung. Die augenblickliche Kraft der Malerei ist überraschend. Ich weiß nicht, ob ich sehr zielbewußt bin oder sehr puritanisch oder sehr funktionell — aber die Bilder sind schön. Die Welt der fêtes galantes und der douces langueurs und der plaisirs sécrets und wie alle diese schönen Kulturdelikatessen heißen mögen, wird zu einem Lederfolianten, schwache Erinnerung an alte Bücher, in denen man klingende Worte und gefärbte Phantasien brauchte. Wir hatten diese Dinge abgezogen auf Flaschen des Essayistentums. Nun fließt der Quell wieder. Wir brauchen keine Schönrednerei und kein Phrasentum, keine Schilderung von Parquet und Marquise und von la vue du plaisir d'autrui, sondern wir dürfen eine vollendete Malerei bewundern, die zu den ersten aller Zeiten gehört. Jetzt sollen alle Journalisten die Marquisentänze des achtzehnten Jahrhunderts, die wir einst verbrochen, uns nachmachen, wir lieben die Bilder. Sind wir darum nur wieder Kinder einer neuen Zeit? Es ist wohl ein Fortschritt, den Maler vor seinem Stoff zu lieben. Denn auch die Kunstgeschichte schreitet so weiter, daß sie sich entstofflicht und vermenscht.

Die Tat dieser Franzosen war, daß sie die Niederländerei in die moderne Malerei überführten, in die persönliche Vortragskunst. Wir sind heut eingestellt diese Dinge zu sehen, Rembrandt als den Lichtpropheten, Hals als den Impressionisten, Vermeer als den Delikaten, wir sehen, was von Rubens zu Delacroix, von Hobbema zu Constable führte — wie gesagt, wir sind sehr egoistisch und konstruieren uns die Ketten der Geschichte auf die Gegenwart als Ziel. Nun schließlich: warum nicht? Es ist produktive Kunstgeschichte und ich kann auch nicht anders. Niemals hat eine gegenwärtige Kunst fruchtbarer in die Vergangenheit zurückblicken lassen, als unsere. Fragonard, Chardin, Watteau sind auch Kettenglieder geworden. Aus der Wallace-Kollektion bleiben die lichten Fragonards, wie eine Vision, in der Erinnerung. Im Louvre hängen wir an den Chardins, wie historischen Bestätigungen der letzten impressionistischen Stilleben. Es ist ein großes Vergnügen, die Chardins in dieser Ausstellung, die fast einen Saal einnehmen, mit Sezessionsaugen anzusehn. Das Milletsche in den Köchinnen, diese weichen grauen Töne in der Tennisschlägerin und dem Zeichner (sie treffen sich aus des Kaisers und Rothschilds Besitz hier wieder als Pendants), und die wundervolle Lichtbehandlung in der Briefsieglerin mit dem gestreiften Kleid, die eine Lücke der niederländischen Kunst zu füllen scheint: zwischen dem Dresdner Vermeer und den Petersburger Rembrandts. Noch ist die Liebe zum schön drapierten Kleid niederländische Erinnerung, aber war sie dort Repräsentation, so ist sie jetzt Selbstverständlichkeit, gute Erziehung der großen Welt. Ja, sie malen die große Welt, aber sie malen sie auch mit der virtuosen Nonchalance ihrer Kultur, mit dem dekorativ erzogenen Sinn für Stoffe und Seiden, die sich selbst nicht wichtig machen, um ihr Ensemble nicht zu gefährden. Abgestimmte Menschen, Möbel und Kleider. Der gestreifte Stoff ist ein eigenes Kapitel dabei und sein Glanzpunkt der Rock der Watteauschen Tänzerin, den sie leise hebt, um ein entzückendes unaufdringliches Lichterspiel zu veranstalten. In dem Rosa des Seidenrocks der Lancretschen Dame, im Verhältnis zum Grau der Pegasusfontäne, liegt nicht weniger Eleganz als in der dargestellten Szene selbst. Die dekorative Erziehung, die auch beruflich fast alle diese Maler hatten, zwingt sie gegenüber der konventionellen Niederländerei zum Organ für das Ensemble. Und dieser Einfluß der Sitten der guten Gesellschaft auf die Malerei scheint uns heut wichtiger, als sie selbst, zumal es eine nicht mehr steif militärische, sondern schon romantisch leicht bewegte Gesellschaft ist, in deren Formung Watteau das Ideal Rousseaus vorausnahm. Die Äpfel, Gläser und Zinnkrüge auf Chardins berühmten Stilleben benehmen sich nicht anders. Was selbst Kalf kaum ahnte, dieses malerische Auge befreit das niederländische Stilleben von seiner kompromittierenden Protzenhaftigkeit und Komponiertheit und bringt es auf ein wohlerzogenes Ensemble in romantischer Einfachheit und musikalischer Tonalität. Von selbst arbeitet der Pinsel wahrhaftiger. Er findet die bestimmenden Farbflächen und die suggestiven Lichtlinien, er setzt unter dem Regime des guten Tons die ruhige und große Einheit der schönen Wahrnehmungen durch. Darum wurden Chardins Stillleben die ersten sinnlich saugenden, malerischen Malereien auf diesem stofflichsten aller Stoffgebiete.

Es interessiert, das Gelb, von Vermeers Damenjacken an über Fragonard bis zum exotischen Gelb des Gauguin zu verfolgen, oder das Blau von der Roheit des Cinquecento über Bouchers Pompadourblau und das Blau aller liegenden Fräuleins, über Ingres letztes Empireblau bis zum archaistischen Blau Somoffs und Königs. Über das Blau sprach ich bei den Engländern. Fragonards Gelb ist gerade hier entzückend. Einmal auf dem Kissen des Paschas, wo es zum Weiß des Bettanzugs in ätherischen Harmonien steht, und dann im Kleide der Leserin, wo das Rot des Buchschnitts ihm als Note nebengesetzt ist, dieser einzig schönen Figur, die wahrhaft von Corots atmenden Menschen etwas vorahnen läßt. Watteaus Farbsinn ging auf das bunte Ensemble, Fragonard geht aufs Lichte und Delikate. Watteau war ihr Klassiker, Fragonard ihr Genie. Watteau lernt an der guten Gesellschaft, sein vlämisches Erbteil zu dekorisieren. Man studiere seine Nymphe mit der Sonnenblume, die Rothschildsche. Hier ist Zaghaftigkeit gegenüber Rubens, Ahnung von Galanterie im Vlämischen, sowohl in der derb hingegossenen Figur als in der blau luftigen Landschaft. Als er Paris entdeckte,

entdeckte er dieselben leichten Bäume und Farben, denselben silbrigen Glanz, den wir heut mit Corotschen Augen alle dort erleben. Aus dem Wald macht er ein Ensemble tanzender grünbrauner Tinten, die er durch Lichtungen ordnet, aus den Menschen eine leichte Konversation von matten Farben, die er rein malerisch aus alten Kirmessen herausdichtet, ganz seinem lyrischen Phantasiereiz hingegeben. Das Theater benimmt ihn nicht, es bildet ihn. Seine Gilles, Skarramuzzen, Scapins und Harlekins sind Menschen im Kostüm, die vielen französischen und italienischen Komödianten Kostüme auf Menschen, eine rührende Versöhnung realistischer Jugend mit den Ansprüchen seiner Umgebung. Von Zeit zu Zeit leuchtet Watteau im Watteau. Er hätte Courbetsch werden können, wenn er von diesen Skarramuzzen sich den Stil seiner Kunst bilden ließe. Es erschreckt uns etwas vor diesem braunen Kerl. Watteau war nicht einfach. Jetzt aber gleitet sein Pinsel über die bunten Seiden und Fontänen und gebogenen Baumstämme, er ist artig, er hat gelernt von der Gesellschaft, Kontenance zu halten. So wird es seine Natur. Und als er, kurz vor seinem jungen achilleisch-raffaelisch-mozartschen Tode, seinem Freund, dem Kunsthändler Gersaint, die Ladenschilder malt, malt er, was er an seinem Schicksal gelernt. Zwei Interieurs, in denen Bilder hängen, ohne sich durch Sonderexistenz aufdringlich zu machen. Grauviolette Töne. Rhythmisch zierlich beugen sich Menschen, sie zu besichtigen. Hingegossen am Ladentisch sitzt eine Dame, deren Aufgabe ist, zwischen dem lilagrün-weiß-gestreiften Seidenrocke und dem schwarzen Halstuch eine Symphonie zu bilden. Die Bilder werden in Kisten gepackt. Zwischen braunen Männern und dem leuchtenden Weiß der Hemdärmel des Packers entwickelt sich als Motiv des Bildes das mattviolette Seidenkleid der Käuferin. Sonst alles gedämpft. Kein Bild spricht im Bilde. Kein Ton schreit. Selbst das Stroh, vorn an der Kiste, schämt sich. Es ist die Anwendung der Erziehung an der guten Gesellschaft auf einen Vorgang des täglichen Lebens — wie klug hatte Watteau sehen gelernt! Diese Klugheit war sein furchtbares Erlebnis geworden und sein Erlebnis sein Stil und sein Stil ein Zeitalter und nun hängen diese Ladenschilder des Herrn Gersaint in Berlin und reißen uns hin und nun — — lieben wir vielleicht doch das achtzehnte Jahrhundert, das diese Technik niemals geschaffen hätte, wenn es sie nicht durch seine gesellschaftliche Kultur erzogen hätte? War das alles nur ein Umweg? Das Leben durch seine Technik? Es wäre uns zuzutrauen —

Ich weiß nur, daß dies in Wahrheit die Reihenfolge der Empfindungen ist, die ich beim Besuche dieser merkwürdigen Ausstellung hatte.

# CÉZANNE

Man läuft in diesem Monat zwischen der Cézanne-Ausstellung bei Cassirer und der graphischen Ausstellung der Sezession hin und her, und will davon sich unterhalten. Man hat sich gar nichts Neues zu sagen und kommt doch nicht los davon. Die Sezession findet man nett. Nett heißt: man geht spazieren und fühlt sich nicht überanstrengt. Es hängen da die unglaublichsten Sachen, Liebermanns Lithographien, Zeichnungen, Pastelle, Radierungen von genialster Impression, der malerische Lederstrumpfzyklus von Slevogt, van Goghs Handschriften der Natur und Menschen, das lehrhaft freundliche Werk von Thoma, fast der ganze virtuose radierte Zorn, fast der ganze schwarzweiße Manet und Munch und Toorop und Toulouse und Corinth — ein Ball von Temperamenten, die man nach Techniken geordnet hat, um zu zeigen, daß keine Technik für ein Temperament bestimmend wird. Es ist nett? Es ist eine Kolossalleistung von Können und Wirken, die alle Bilderausstellungen an Qualität übertrifft. Es ist so wenig nett, daß es verwirrend wirkt, wenn mans ernst nimmt. Zwischen Manet und Liebermann und Weiß und Baum werde ich zerrieben, bis nichts mehr in mir standhält. Zweimal habe ichs versucht, zweimal rettete ich mich zu Cézanne. Ich bekenne, daß ich nur Ausstellungen eines einzigen, am liebsten eines verstorbenen Malers zu genießen imstande bin. Märkte sind für die Repräsentation.

Cézanne ist tot und die Welt rückt allmählich an ihn heran. Die eigentümliche Kraft, die von seinen Bildern auf die junge Generation übergeht, versucht man zu analysieren. Man findet, daß er ein wenig von den Holländern und wieder von Delacroix und Courbet ausging und wieder den Impressionisten sich anschloß, aber man erklärt damit nicht, daß er über diese hinaus geblieben ist. Die Wahrheit ist, daß von ihm eine Energie ausgeht, die sich ohne jede Ablenkung auf den Bildern wie in einem Akkumulator erhalten hat, um Jahrzehnte später, nachdem alles übrige Jargon geworden ist, mit Ursprünglichkeit und Unmittelbarkeit zu wirken. Ich habe in einem berühmten Pariser Speisezimmer Monetsche und Cézannesche Stilleben nebeneinander hängen sehen und da war es das erste Mal, daß ich das Damenhafte im späteren Monet empfand. Er liebt die Schönheit mit gallischer Geste, Cézanne liebte wirklich nur die Wahrheit. Die Wahrheit aber muß wieder helfen, wenn man der Schönheit satt ist.

Cézanne unterscheidet sich von den älteren Malern dadurch, daß er nicht den Stoff abkonterfeien will — von den Impressionisten dadurch, daß er nicht einmal das Spiel geistreicher Netzhäute oder gemütvoller Sentiments wiedergibt, sondern er beherrscht das Modell nach seinen inneren Gesetzen. Man darf von seinen Landschaften nicht schwärmen, wie sie die Sonne der Provence oder das Licht der Wiesen vermitteln, nicht von seinen Stilleben, wie sie eine bestimmte geschmackvolle Zusammenstellung von Obst, Servietten und Möbeln glaubhaft machen, nicht von seinen Porträts, wie sie Menschen verlebendigen. Ich kenne keinen Maler, bei dem der Gegenstand so gleichgültig geworden ist — gleichgültig bis auf die Verachtung seiner sinnlichen Richtigkeit. Die Wahrheit gegen das Ding ist umgetauscht in die Wahrheit gegen seinen Instinkt und Willen. Die Gegenstände treffen die Maler im Laufe der Geschichte immer tiefer. Erst trafen sie die Pupille, dann die Netzhaut, jetzt das Gehirn. Sie sehnten sich gleichsam nach der Kraftquelle der künstlerischen Konzeption, die sie durch die Sinneswerkzeuge langsam und schwierig suchten. Heut stehen wir auf dem Punkte, daß den Malern als Ideal eine synthetische Erneuerung des Gegenstandes vorschwebt, den sie in sich aufgenommen haben. Sie sind aus Dichtern Musiker geworden. Sie wollen nicht mehr Reflexe geben, sondern reflektieren, innere Bilder auf die Fläche werfen, innere Gesetze in die Natur hineinlegen. Und wenn das corriger la nature eine Vorbildung zum corriger la fortune ist, sind wir dabei zu beglückwünschen.

Jeder Maler glaubt nichts zu tun, als der Wahrheit zu dienen. Es sind dieselben Worte, mit denen Reynolds, Delacroix und van Gogh ihre Unschuld beteuern. Nur sind die inneren Methoden verschieden, gegen die die Künstler blind sein müssen, wenn sie wirklich wahrhaft sind. Van Gogh erreichte auf eine ganz andere Art als Cézanne ein Ziel, von dessen Identität sie überzeugt waren. In van Gogh ist die Macht der Handschrift, des Vortrags bis zur letzten Spannung ausgebildet. Auf seinen phänomenalen Zeichnungen entwirrt er Menschen und Landschaften in einer so klaren Sprache, wie ein Philosoph, der mit wenigen Begriffen das Chaos des Sozialen zu analysieren vermeint. Er sieht nur das, was ihm handschriftlich möglich ist, die Kontur, die ersten Schatten, die bestimmenden Innenlinien, die Beugung des Grases, die Spirale des Blätterwerks, und dies schreibt er suggestiv auf das weiße Blatt hin, mit der propagatorischen Kraft eines Fanatikers, der die Welt mit zehn Thesen erlöst. Wie er zeichnet, so malt er, er schreibt die Farbe hin, nach Begriffen, die man dekorativ nennen könnte, wenn man das Wort in seiner tiefsten Bedeutung verstehen will als Beseelung des funktionellen Mechanismus. Er ist ein Sozialist. Cézanne aber ist ein Lyriker. Nicht die

Schrift und das Wort, das Beglückende eines analytischen Paradieses von Kritik und Ethik, sondern der Reim, der Schliff des Stils, das Gesetz der Form ist seine Triebkraft. Van Gogh malt die Blume als Organismus, Cézanne als Strophe, jener das Stilleben als Probe seines Vortrags, dieser als Probe seiner Anschauung, jener webt den Teppich der Felder und Wege, dieser dichtet die Natur nach einer inneren Kontrapunktik in Farben um. Als Cézanne, der einige Szenen zwischen Delacroix und Courbet und einige Porträts zwischen Courbet und Frans Hals gemalt hatte, in den Kreis der Impressionisten trat, denke ich mir, daß deren Anregung, im Freien und immer lichter und andeutungsvoller zu malen, seinem Wesen, das feststand, nur eine angenehme und ehrliche neue Methode hinzufügte, die ihm willkommen war, weil sie ihm die Verantwortung des sinnlichen Apparats erleichterte. Er war eine Komponisten- und Kompositionsnatur. Er haßte das Drama und liebte die Lyrik, er hat selbst die Bewegung zu einer nature morte umgeschaffen. Es war ihm gleich, ob er die Vision eines Menschen oder die einiger Äpfel oder draußen die Felder und Berge dichtete, aber es mußte zufällig sein und konnte nicht bewegt und seelisch genug sein, damit er seine Gesetze daran erproben sollte. Der Impressionismus befreite ihn vom Gesetz im Stoff und gab ihm das eigne Gesetz frei, er stürzte ihn in die Fluten der Sonne und Luft, damit er eine Insel, seine Insel finde. So wurde er von ihrer Schule, sättigte sich an ihnen, und überlebte sie, ihr heimlicher König.

Cézannes Strich ist breiter und leidenschaftlicher als der der Impressionisten von der Schule. Diese zerlegen unwillkürlich die Netzhauteindrücke in Striche, Fäden, Tupfen, Flecke und Flüsse, stets in einer gewissen Scheu, dem Gegenstand zu nahe zu kommen und nicht nur seinen Widerschein zu geben. Sie lösen ihn auf, um durch das zusammensetzende Spiel der Phantasie des Beschauers ihn wieder ineinandergehen zu lassen. Sie wollen das Flimmern, das Undefinierbare, den Glanz und Duft malen und haben sich dafür, jeder in seiner Weise, einen analytischen Vortrag gefunden, der ihnen diesen Dienst leistet. Van Gogh schließt sich solcher Art an und die Neoimpressionisten haben sie gereinigt und methodisiert. Cézanne hat andere Ziele. Da ihm an der Erweckung von Reizungen oder an analytischer Kritik nichts liegt, streicht er in Flächen, die entweder etwas von zeichnender Andeutung haben oder sich in Bassins sammeln, von stilisierenden Umrissen gehalten. Nicht so kongruent und so substanziell wie Manet, aber unmittelbarer malt er statt in einer Form, die der Pinsel ihm nahelegt, vielmehr in einer, die die Farbe verlangt. Er modelliert mit der Farbe — Unwesentliches leicht hingebend, Wesentliches in Flächen zusammenführend, den Strich nach dem Bau und der Struktur seiner Synthese. Seine Aquarelle bewiesen diese Anlage in der Skizze.

Seine Bilder sind die Anwendung auf leuchtende Klarheit. Ihre Plastik beruht auf der Umsetzung einer Schale, eines Baums, einer Wange in die reine Flächensprache intensiv gelagerter Farbe.

Luft und Licht, an denen sich die anderen stillten, sind ihm nur Material wie irgendeines — er ahnte, daß sie vergänglich sind. Ein Stilleben erfordert blaue Schatten, ein anderes schwarze. Eine rosa Muschel, eine gelbe Zitrone, eine schwarze Uhr — die Schatten bleiben dunkel, um aus dieser sinnlosen Zusammenstellung das sinnvolle Trio Rosa-Gelb-Schwarz zu komponieren. Der Berg von Saint-Victoire liegt in violettem Abendlicht, die Farbe geht weit hinunter über die Sandabstürze, einige dunklere Bäume werden links vorn als Kontrapunkt eingesetzt, ganz leicht werden ein paar Felder vertikal über die Leinwand gestrichen; es ist der Traum der Natur, keine Spur von einem greifbaren Porträt. Die Äpfel sind Kondensierungen von Grün, Gelb und Rotbraun, mit unendlicher Stimmung in präziser Koloristik hingesetzt, sie riechen nicht äpflig, sie wollen nicht in die Hand genommen werden, aber sie sind Wunder von Farbenklängen in gesetzmäßiger Abstufung, leibhaftig wie die intensivste Vorstellung wesentlicher, in äußerste Reinheit gesteigerter Eindrücke von drei, vier Farben. Man sieht das nicht, man fühlt es nur im Gehirn, man träumt davon, wenn die Augen geschlossen sind und einige gleichgültige Gegenstände des Tages sich zu wundervoll starken und dichten Visionen konzentrieren. So erscheinen uns Menschen und Landschaften, wenn wir sie organisch reproduzieren. Diese Porträts sind einzelne Energieäußerungen von Farben des Gesichtes und Linien der Haltung, diese Bäume sind Erregungen ihrer Architektur, die Häuser Farbenwerte ihrer Malerei, auf Rot und Grün und Blau hingesetzt, nur das Eigentliche, das Bleibende, ohne Spiel und Laune, mit der ganzen Sparsamkeit des schaffenden Genies, mit der Ehrlichkeit des innen arbeitenden Stils, der eher einen Krug schief werden läßt als eine stehen gebliebene weiße Fläche mit einer Verlegenheitsfarbe bekleidet. Ein zerebrales Organ von sicherstem Triebleben setzt Farbe und Form umbildend und zurückbildend in Malerei um, es lebt darin die Kraft überzeugender Wahrheit, sie überwindet Mode und Konvention und wirkt stärkend auf die Kommenden.

Ich liebe es nicht mehr, vor Bildern zu ästhetisieren. Ich würde es für nötiger halten, Herrn Valabrègue zu zitieren und Cézannes schlagende Porträts von ihm zu entwickeln, Bild gegen Wirklichkeit, oder vor irgendeines seiner Stilleben und Landschaften zu führen und zu zeigen, wie er das Verwirrte entwirrt, als Komposition neu geschaffen und farblich angelegt hat, eine Schule des Sichselbstfüllens mit einem Eindruck und dann des Reproduzierens nach den reifen Gesetzen einer sicheren Gestaltungskraft. Nur dann begreift man das Geniale, das in der Ahnung und Formung von Zusammenhängen beruht, die das Leben kompliziert. Aber ich wollte heut den Umstand erklären, daß gerade dieser Mann auf unsere Generation einen so bedeutenden Einfluß auszuüben berufen wurde. Je mehr sich die Malerei von der äußeren Nachahmung nach den inneren Konzeptionsorganen des Künstlers entwickelt, desto wichtiger werden diejenigen Meister, die zuerst die Wahrheit und den Mut des inneren Organs bewährten, das auf diesem Wege an die Reihe kommen muß. Wenn man Cézannes Leben erzählt, von dem nicht viel mehr zu sagen ist, als daß er im Besitze eines guten Einkommens den Spott der Zeitgenossen vertragen konnte, und wenn man die Geschichte seiner Werke sich vorhält, die fast nie auf Ausstellungen, aber dann dafür umso gesuchter bei Kunsthändlern sich aufhielten bis zum originellen Herrn Vollard, der sie wie Juwelen behütete, als die Zeit gekommen war — so ist das nur die gewohnte Melodie auf den Text, in dem von Jahrzehnt zu Jahrzehnt die Namen geändert werden. Als Cézanne in Aix, einsam und ungeachtet, durch irgendwelche Zufälle ein Freund des apostolösen Zola, durch Zufälle Freund der Impressionisten, Zufälliges malend, als er unermüdlich Bild an Bild reihte in eine zufällige Zukunft hinein, konnte er nicht ahnen, daß er der Lehrer seiner Enkel werden würde, weil er inmitten einer Welt der Reflexe den Stil nicht verloren hatte.

Ich dachte einen Augenblick daran, daß mir

Cézanne den Stil geben würde, auch die zufällige graphische Ausstellung der Sezession nach einem inneren Gesetz zu behandeln, und ging wieder dorthin zurück. Aber ich hatte mich getäuscht. Der einzige Erfolg war, daß ich vergeblich versuchte, einen Baum in der Manier von Cézanne zu malen.

MENZEL

Genie ist Fleiß, soll Menzel gesagt haben. Vielleicht hat er es wirklich gesagt. Gelebt hat er es jedenfalls. Denn sein Leben und Schaffen war paradox, wie es dieser Spruch ist. Genie und Fleiß scheinen von der Natur als Gegensätze bestimmt, wenigstens jenes Genie, das aus wurzelhaften Tiefen im Traum, im Unterbewußtsein, in der Hellsichtigkeit neue Beziehungen stiftet, und jener Fleiß, der die Tugend durch Frömmigkeit, die Kraft durch Ausdauer, die Begeisterung durch Geschäftigkeit ersetzt. Aber es gibt einen Punkt, wo diese natürlichen Gegensätze vom Menschen aus zusammengeführt werden und dadurch eine ganz große Erscheinung darstellen, eine gewaltige grausige Objektivität, eine Macht, die alles besitzt, weil sie nichts nicht besitzt, ein hundertfältiges Auge, das das einseitige gierige Sehen vieler einzelner zu einem kühlen und ruhigen Allerweltssehen vereinigt. Man sieht so viel, daß man nichts übersieht. Man ist so reich an Vortragsmitteln, daß man keinen Stil ausläßt. Man ist so fleißig, daß man genial ist. Donatello hatte davon etwas in revolutionärem Sinne, Bach in elementarem, Goethe in abschließendem, Shakespeare in psychologischem, Menzel im optisch-gestaltenden Sinne. Eine absolute Zeitlosigkeit ist keinem von ihnen zuzusprechen. Doch war Menzel ihr am nächsten, was seine Größe und seine Kleinheit ist. Er wirkte ganz und gar nicht epidemisch.

Von der Epidemie lebt die Welt und, die ihre Geschichte schreiben. Sie macht die sogenannten großen Bewegungen, die die Masseninstinkte aufreizen, nur um sie zu befriedigen. Sie füllt die großen Flächen der Historie, von deren Schilderung heut mehr als je eine bedeutende Klasse von Schriftstellern ihr Dasein fristet. Sie liefert die Materie. Die Individuen sind nur ihre beste Würze, ihr willkommenes Reizmittel. Ein ganz Zeitloser ist darum der Gefahr ausgesetzt, von den Historiologen als überflüssige Garnierung der Weltgeschichte beiseite geschoben zu werden. Ohne ihn, sagen sie, wäre auch alles noch so gegangen. Zu anderen Zeiten mag es nützlich sein, Menzel in seiner absoluten geschichtlichen Nacktheit in einer Ecce Homo-Szene dem Publikum vorzuführen. Heute dagegen dürfen wir ihm den wirklichen Purpurmantel umlegen und die wirkliche Krone aufsetzen. Denn er narrt die Historiker, er lehrt das Unmotivierte anbeten, er stört den offiziellen Rhythmus der Handbücher, er ist von einer prachtvollen Unsozialität. Er ist kein Schüler und kein Lehrer und dabei der fleißigste und lehrhafteste Künstler. Das löst nur das Genie.

Er hat in seinem Wesen von Anfang an eine barocke Schlange, die ihn in alle Stile, alle Formen, alle Lichter und Finsternisse hineinkriechen läßt. Die Natur meinte es gut mit ihm, denn weder mit dem klassischen Lineal, noch der bloßen Rokokospitzelei, weder mit der gotischen Vertikalen noch der romanischen Horizontalen kommt man so tief und weit herum. Im Barocken geht Symbol und Wahrheit, Antikes und Modernes trächtig ineinander. Es führt in die Klausulen des Staates und des Herzens.

Seine alte Lithographie über das „Vaterunser" eröffnet diesen Weg, sinnlich allegorische Szenen über die Teile des Gebetes, verklausuliert mit Symbolen und eingespannt in die vereinigten Formen des Herzens, des Ankers, des Kreuzes. Die R. Wagnersche Kunsthandlung gibt das merkwürdige Stück soeben in einem Sonderdruck heraus und dazu einen Brief Menzels, darin die Ausführung: Erlöse uns vom Übel, von den Wirkungen der Irrwege, auf welche zu geraten der menschliche Geist fähig ist. Aus den Kreisen der Vernunft getreten, durchläuft er die Stadien des Unglaubens zur Hoffnungslosigkeit, von der Hoffnungslosigkeit zur Verzweiflung, der Endpunkt ist der Wahnsinn. Die Linie deines Genies, Meister, lief genau diametral.

Im barocken, symbolisch beladenen, spiralig

bohrenden Lauf ging sie über die ersten graphischen Expansionen, die fünf Sinne, das Erdenwallen, über diese gedankliche Graphik im Klingerschen Sinne, zur Illustration. Das Leben wacht auf. Für eine Einladung zum Festmahl ehemaliger Freiwilliger in Potsdam wird ein hauchiger Ausschnitt des Gesellschaftslebens gezeichnet. Die Radierversuche haben einen Titel mit einem famosen, leichten Wagen auf einem Felde in holländischer Manier. Eine Landungsbrücke mit einer Lichtdisposition, wie sie Monet dann wiederholte, wird in Holz geschnitten. Leichter und leichter fliegt die Feder und, halb im Auftrag, halb von Natur findet sie sich in der Rokokostimmung, als es gilt, die Werke des alten Preußenkönigs und die Schriften über ihn zu illuminieren. Menzel studiert alle Archive, Museen, Schlösser, zeichnet eine Büste von sechs Seiten, eine Tänzerin mit eingeschriebenen Farben, den Behang eines Pferdes aus dem Jahre 1745. In dieser Zeit wird er ein Gelehrter des 18. Jahrhunderts. Seine innere Linie aber geht den Weg über die Vergangenheit in die Gegenwart. Der äußere Rokokomensch wird ein innerer Sublimeur, nicht unähnlich wie bei den Goncourts oder auch bei Fontane. Das Rokokostudium hat ihn vor der Gegenwart erleichtert. Solange in Preußen nichts passierte, malte er historisch. Als etwas anfing zu passieren, hörte er mit der Geschichte auf und wurde Genremensch. Die fridericianischen Bilder blieben zum Teil unvollendet. Die Leuthener Schlacht hängt an der Atelierwand, bis sie nach seinem Tode in die Ausstellung der Nationalgalerie kommt. Die Kaiser wollten, daß er sie vollende. Er wollte es nicht. Das Krönungsbild von 1865 war das letzte Historienbild gewesen. Das Aquarell mit der Kaiserausfahrt zum 70er Kriege ist schon keine Historie mehr, sondern Genre. Er malte jetzt nur noch kleinere Bilder in minutiösem Aquarell und Gouache, die Umrahmung der Geschichte, nicht die Geschichte des Rokoko, sondern das Rokoko der Geschichte. So malte er Bürger, Arbeiter, Reisende, Badegesellschaft, Prozessionen und Kinder, statt einer Enzyklopädie der Überlieferung ein Tagebuch der Lebensreise. Er bevorzugt Motive des Gedränges, der Kirchenstille, der Cafébeschaulichkeit, der Coupéinterieurs und der Neubauten. Schon auf dem Bilde, das den König Fritz auf Reisen zeigt, gab es einen Neubau, das Provisorium des Museumbaues, Bauten im Prinz Albrecht-Garten, der Rathausbau auf der Magistratsadresse von 66, Bauten vor dem Atelierfenster — im Neubau sind ungewöhnliche Bewegungs- und Lichtfaktoren, die ihn interessieren. Andere malen fertige Häuser, andere Neubauten als Impressionismen, er malt Neubauten als fertige Erscheinungen. Das Marktgedränge reizt ihn als Kompositionsschwierigkeit, die Kirche als Detailschwierigkeit, das Restaurant als Impressionsschwierigkeit. Er nagelt das Werdende mit dem Stich seines Auges fest. Nichts ist vor ihm sicher außer er selbst. Rembrandt, der subjektivste, malte sein Gesicht hundertmal. Menzel malte sein Gesicht selten, aus einem Gefühl der Objektivation. Aber er malte seine rechte Hand mit der linken, und seinen Fuß im Liegen, und seine Ärzte, und sein Zimmer, das schon 1845 einen schönen Lichtreflex durch die aufgeblähte Gardine hatte und 1847 einen altdeutschen Straßenblick und ein Renoirsches Weißwäschegebirge auf den Bettkissen, bis es 1905 (so zeichnet er) zuerst von einem kleinen Elefanten verlassen wird, in dem vielleicht seine Seele wohnt, um dann in die Nationalgalerie ausgeräumt zu werden. So malte er sich selbst gar selten, aber die Dinge malte er, auch nach dem Tode. Er malte vor sich, nach sich und neben sich. Er malte alles, was malbar ist und er schaltet damit wie ein Jongleur der Weltmobilien, indem er Könige zu Vignetten, den Kreuzberg zu Italien, das Theater zu einem Titelblatt, Instrumente zu Tänzern werden läßt und zuletzt hohnlachend ein photographisches Negativ improvisiert, in dem die Lichter zum Schatten sich richtig-falsch vom Dunklen zum Hellen abstufen. Ja, diese witzige Natur stellt die ganze gute Geschichte auf den Kopf.

Lange ehe es eine Fortunymode gab mit sprühenden Farben und konfettierten Reflexen, machte er seine Mainzer Hochaltäre mit den glitzernden Chorstühlen und den leuchtenden Fenstern, und sein Ballsouper, in dem die Wogen der Gesellschaft rauschen und blaue, gelbe, grüne Kleider- und Schmucklichter phosphoreszieren. Lange ehe Japan für Europa Parole wurde, malte er in seinem Kinderalbum die nächtigen Storchnester, die schillernden Vogelkäfige, die surimonohaften Kasuars, die kapriziösen Naturschnitte. Seine auf die Fläche gestimmten Waldlandschaften entstanden, ehe noch von Schottland verkündet wurde, daß man aus einem Stück Natur ein Ornament der Wand machen kann. Noch waren die Probleme der Innen- und Außenbeleuchtung unaufgerollt, und er zaubert ein goldenes Abendlicht über das Flötenkonzert und ein silbernes Tageslicht über die Tafelrunde. Man sprach noch nicht von Freilicht, und er malte sein Weidenbild mit der ganzen hingebenden Treue gegen grüne und rote, in der Luft erweichte Töne. Er beherrschte die warme tonige Ölmalerei, ehe der große belgische Strom über Deutschland kam, um den angeblich abgestorbenen Kolorismus aufzufrischen. Er stilisierte die fridericianischen Schmuckstücke in einer so phantasievollen, delikaten Manier, daß sie unser Kulturgefühl heut noch beschämen mögen. Er fand dekorative Linien und Formeln, die die Engländer voraus nahmen. Er skizzierte Augenblicksdinge, Herren auf einer Bank, die lesen, Damen mit einer Mantille, die nähen, Zigarrenrauchende auf Korbstühlen, Opernglasdrehende, mit einer effektvollen Geschwindigkeit in Gouachelichtern, in der ihn kein weltberühmter Franzose übertraf. Die weiße Reifrockdame auf dem roten Sopha beim Flötenkonzert ist an Geschmackszartheit von keinem unserer Stilisten altgemacht worden.

Und das schwere, rauchende Eisenwalzwerk kam, als niemand glaubte, daß Fabriken ein Gegenstand der Malerei sein könnten. Alles kam, ehe die Mode kam. Aber es machte nicht diese Mode, es tauchte auf und unter, ohne Lehrer, ohne Schüler, ein Bild der Möglichkeiten, keine Historie. Einmal leuchtete in dem Laboratorium dieses unheimlichen Zwerges die Idee der Malerei auf, die Allstofflichkeit, die Alltechnik, die Allform, die Idee, die dann in der gewöhnlichen Arbeit der Menschen in viele Missionen und Schulen zerfällt. Ihr gesamtes Werk wird in unserer irdischen Sprache als Fleiß verstanden — und in einer höheren als Genie? Fragt die seligen Götter, fragt die Riesen auf der Erde Rücken, fragt die Schwarzalben im Nebelheim — und ihr werdet je nachdem eure Antwort erhalten.

# WALTER LEISTIKOW

Um nur die Hauptcharaktere seiner Kunst zu erwähnen, so könnte man die Bilder in mindestens sechs Gruppen schichten. Zuerst kommen jene noch in Gudescher Bildhaftigkeit befangenen Szenen an stillen Wassern, mit interessanten Bäumen, Schilf, Häuschen, Pflöcken und dem ganzen niederdeutschen Fischer- und Seeapparat, wobei die Menschen selbst nicht fehlen, die sich entweder als Hirten, Fischer oder gar nicht beschäftigen. In der nächsten Gruppe kehrt Leistikow schon den Menschen den Rücken, um sie nie wieder mit seiner Kunst zu verfolgen. Denn die Landschaft selbst wird lebendig, sie hat jenes tiefe Schweigen, das alle guten Landschaften haben und in dem der Mensch eine höchst störende Leblosigkeit bedeutete. Es gibt Menschen, die eine Art Staffage der Landschaft sind, aus Dimensionsgründen. Es gibt solche, die — zum Beispiel à dos auf einer Bank sitzend — Empfindungen erleichtern sollen. Es gibt erdgeborene Naturmenschen, wie bei Millet und Kalckreuth, die die „Landschaft" zur

„Erde“ erhöhen. Es gibt Menschen als Farbenflecke, aber nur in Szenen, die eben bloß aus Farbenrausch hingesetzt sind. Sonst stören sie. Leistikow befreit sich von ihnen, weil er das Gefühl hat, nicht zum Hymnus der Erde, nicht zur Musik der Farbengehänge, nicht zur Vedute berufen zu sein, sondern zu einer im Rhythmus der Natur atmenden, treuen, seelenvollen Landschaft, die sich durch sich selbst bewegt.

Und nun durcheilt er die Natur, von der zweiten Gruppe an: rauschende, geheimnisvolle dänische Wälder, das leicht bewegte Spiel der Häfen und Kanäle, die um die Spiegelungen der Maste ihre geraden Grenzen ziehen, das rollende Meer, das in der Luft des Abends gelbe und violette Ketten durcheinander wirft, um am Tage beim steifen Ost im naivsten Blau zu leuchten, die Dünen mit ihren gelbgrünen Kissen, die der Wind und die Flut durch Jahrhunderte geschüttelt hat, um sie täglich leicht und streichelnd umzubetten, und zuletzt das nahe Wunder des Grunewalds mit den Föhren, die jeden Abend darüber erröten, daß sie keine Pinien sind, und den kleinen krummen Seen, in denen sich einige mutige mädchenhafte Birken die Spiegelung des Himmels ansehn, um sofort in ferne Träume zu versinken.

Dazwischen spielen Intermezzi, die meist einen besonders ausgeprägten Charakter tragen, Reisen zwischen Domizilen. Drei sind scharf herauszuheben. Zuerst die norwegische Gebirgsszenerie, die sich in ein stilisiertes Bild von Flächen und Rissen umsetzte. Dann die Winterlandschaft des Riesengebirges, die eine reich bewegte Verschiebung von weißgrauem Schnee, durchsichtigem Gehölz und Schluchtenkulissen bot. Und soeben, von der letzten Sommerreise, Gasteiner Gebirgsausschnitte, der bunte Teppich vielfarbiger Felder und Wälder, plötzlich in aufsteigender Perspektive umrahmt.

Den verschiedenen Stoffgebieten stelle ich die Technik gegenüber. Leistikow erzielt im großen Atelierbild in Öl eine wachsende, zuletzt geheizte Wärme. Die Neubabelsberger Villa des letzten Sommers ist heiß, die Luft zittert und das Laub wirft transparente Schatten auf weiße Mauern, im Hintergrunde lacht ein rotes Dach. Seine Aquarelle bleiben am trockensten, selten nur wirft er gelbe Sonne freihändig über die Vegetation. Seine Pastelle sind nicht Impression und nicht Wut über die Schönheit der Natur, sondern sorgsam ausgeführte, wohl überdachte kleine Bilder. Der blaue Himmel setzt sich scharf über den Dünen ab, der weiße Schaum ist in strahlender Helligkeit gerafft, präzise erheben sich auf dem besten der Pastelle einzelne Föhren hinter gelblich-stoppligem Boden über blauviolette Unterschatten gegen den Himmel, ohne bei diesem kühnen Experiment ihre Farbe zu verlieren. Die Zeichnung in Stift und Kohle ist bei Leistikow vollkommen ruhig, ein Blick des Auges, der das Wesentliche erfaßt und umreißt. Seine Lithographien haben sich nicht bemerkenswert hervorgetan. Für den großen

Steinzeichnerverein sollte er die Marienburg lithographieren, reiste hin, skizzierte, aber scheiterte glücklicherweise an der Peinlichkeit der Architektur. Seinen Sittenfeldschen Kalender kennt man: Föhrenbraun und -grün, dahinter Wasser mit Segel und Waldrücken, also der Extrakt unserer Landschaft. Seine Radierungen entwickelten sich üppiger: von ängstlichen Anfängen ist er jetzt bei furiosen und vollblütigen Blättern angelangt, wilde geworfene Bäume, Segel vor dem Wald. Zeitweise, früher mehr als jetzt, widmet sich Leistikow den dekorativen Künsten. Exlibris, Möbel, Teppiche, Tapeten, Vorhänge, Stoffe sind die Zeugen. Es sind stilisierte Bekenntnisse seiner Naturliebe. Hier finden sich Schiffsschnäbel, Wellenlinien und fliegende Reiher in einen strengen Geschmack gebracht, von nordischer Webestimmung. Die Reiher tauchten zuerst auf einem realistisch begonnenen Pastell auf, das halb verwischt in der Lade lag. Das Pastell wurde nicht vollendet, weil die Vögel eine dekorative Seite so stark anklingen ließen, daß der Künstler nicht mehr real fühlen konnte. Diese drei gestreckten Leiber, Hälse, Flügel in ihrem Parallelismus entschieden seine ornamentalen Neigungen. Sie beschäftigten ihn viel, sie stilisierten ihn um, sie beruhigten sich erst, als er sie, vermittelt durch ein ornamentales Gemälde, auf einem wirksamen, in Christiania gewebten Vorhang, vor einem Herbstwald fliegend, in den letzten dekorativen Ausdruck brachte. Seit dieser Zeit dachte er innerlich viel über das Verhältnis des Stilisierens zum Naturalismus nach. Er fand, daß er in seinen stilisiertesten Zeiten, als er die Schatten der Baumwipfel zu Ballen und die Lichter zu gestickten Rändern formte, doch der Wirklichkeit der Natur nicht fremd war und daß er auch in seinen realistischesten Stunden doch niemals der Geschliffenheit des Stils und der Immanenz der Dekoration untreu wurde. In Wien liebte man Leistikow sehr, als er den Wald zu einem Fleckenteppich und die Villa zu einer Perle im grünen Föhrengehänge umstilisierte. Man ahnte, daß er etwas vom Wiener „Stil" in sich habe. Dann war man sehr unzufrieden, als er sich wieder an die Brüste warf und die Natur um Milch bat. In demselben Augenblick, als man bei uns in der Sphäre der Kraft und Ungebrochenheit, ihm zu der strengen und von neuem formreinen Naturstudie, zum erneuten Realismus, der in seinen letzten Werken eine jetzt erst verständliche leidenschaftliche Steigerung erfuhr, Glück wünscht, verlor er in der Stadt der gebrochenen Gefühle an Stil.

Dies aber ist die Grundfrage, die sich um seine Persönlichkeit dreht: fast wie ein Kampf der beiden großen künstlerischen Strömungen der Zeit, den er auszufechten scheint. Nur ficht er ihn friedlich aus, mit der ganzen leisen und dankbaren Gelassenheit, die sein Wesen ist, mit schlichter Bescheidenheit, Selbstkenntnis und enormem Fleiß. So wie er zahllose Stoffgebiete, verschiedentliche Intermezzi, mancherlei Techniken innerhalb der einen großen Landschaftskunst ruhig nebeneinander gesetzt hat, so läßt er auch Dekoration und Realismus, Stil und Wahrheit dankbar einander durchdringen, als ob diese nicht vor seinen Augen sich bitter um eine Hegemonie stritten, die das Glück des modernen Künstlers bedeuten will. Fassen wir den Pinsel breit an, setzen wir Ton an Ton unverrückbar dem Modell der Natur nachstrebend, sie einsaugend, sie küssend, sie anbetend, Opfer der Wirklichkeit? Oder legen wir die Kunst auf die spitze Seite, fern von den banalen Stunden der sinnlichen Wahrnehmung, zierlich und minutiös ihre Wunder umformend zu unserer Umgebung, zu Teppichen, die Grundlagen von Stimmungen werden, Paneelen, die uns Sicherheit geben, Tapeten, die uns Hintergründe schaffen, Kronen, die die Musik des Lichts in Gestalt bringen, Vasen, die geronnene Lyrik sind? Die Temperamente scheiden und entscheiden sich: poetische Maler, die für Dekoration gar kein Organ haben, Naturalisten, die nur alte Möbel lieben, Dekorateure, die den Wirklichkeits-Fanatismus hassen müssen, hundert Skalen und Übergänge, je nach dem großen Gesetz geordnet, daß Naturen, die die Ordnung der Welt in sich haben, sie draußen nicht brauchen, und umgekehrt. Von der Düne bis zum Stuhl, von dem Wald bis zur Seidenweste, vom See bis zum Teppich liegen diese großen aufregenden Gegensätze in Leistikows Kunst unaufgeregt nebeneinander, windstill wie die meisten seiner Landschaften. Sie vertilgen sich nicht, sie sind verträglich, ja man könnte sagen eine Einheit geworden, wenn seine Kunst nicht mehr auf das Angenehme und Geschmackvolle, als auf das Erhabene im Sinne der alten Ästhetik ausginge. So kann man an seinen Bildern in abgeklärtester Form lernen, wie in jeder Landschaft ein Stück Dekoration und in jeder Dekoration ein Stück Natur ruht, von der leichten Welle der Schaffenslaune einmal mehr nach dieser, ein ander Mal nach jener Seite entwickelt.

Farbe und Form, beide können in dieser latenten Dekoration reden. Unser Auge sieht aus der Natur die Gleichwertigkeit abgestimmter Töne heraus und findet die farbliche Pointe in der Ausbildung koloristischer Rhythmen, die um so absichtlicher hervorgehoben werden, als sie eine Erfüllung innerer dekorativer Wünsche sind. In jeder geschmackvollen Landschaft, in jeder Kunst vor der Natur geht dieser Prozeß von statten. Das helle Haus hinter Bäumen, bei den Niederländern noch bunt, wird erst vor etwa 100 Jahren als Problem verstanden. Das klassische Beispiel seiner harmonischen Abstimmung wurde dann die Manet-Villa in Rueil. Liebermanns Hamburger Landhaus in Pastell, seine neue Hilveisumer Fassade gehören als köstliche Proben in dieselbe Reihe. Leistikow, vor das gleiche Problem gestellt, reagiert dekorativer. Das Ton in Ton genügt nicht, es ist zu objektiv. Er zieht das Haus als Pointe vor und gradiert die Landschaft danach. An dem weißen dänischen Haus zwischen

Ballen von Bäumen hat er wie an einem Experiment gearbeitet. In dem nicht minder berühmten Bild der weißen, abendlich vorschimmernden Grunewaldvilla hat er dieselben Rhythmen einer anderen Melodie zu Grunde gelegt, so scharf auf Dekoration, daß er den Himmel als einen unnatürlichen oder vielmehr unkünstlerischen glatten grauvioletten Ton hinsetzte. Und noch zuletzt bei der famosen kleinen weißen schwedischen Kirche, die mit heiterem Trotze im Felsgeruder liegt, ist er diesem Thema treu geblieben. Er hat besonderes Glück mit Farbenspielen in solchem Lichte. Im Schatten habe ich oft tote, ja sogar konventionelle Töne auf Wegen und Rasen beobachtet. Aber das Licht auf Baumstämmen, nicht bloß in der wirksamen Krone, auch am Schafte, begeistert ihn zeitweilig zu rötlichen Farbenfaserphantasien, die sich sprühend aus blauen Schatten ablösen und dekorative Werte besitzen, wie sie nur der subjektivste Impressionismus kennt.

Stärker aber ist seine heimliche Ornamentik der Formen. Wie er von Anfang an das zierliche plaudernde Astwerk der Laubbäume und die strenge konstruktive Liniensprache der kreuzweisen Masten und Taue, die die Spiegelung des Wassers bestätigt, mit Liebe verfolgte, so erzog er sich ein immer verläßlicheres Auge für die Eigenarten des Wuchses von Stämmen, Laub- und Waldgruppen. Er hat das formale Wesen unser verachteten Föhre erkannt, die das Gesetz ihres Gesamtbaues, den lange vorbereitenden Schaft mit der reichen Krone, in jedem scharf absetzenden Ast mit dem dicken Nadelbüschel wiederholt. Kiefern setzen dazwischen das drangvolle barocke Gewinde und Geschlinge ihrer fetten Kronen. Die Stämme ordnen sich im Walde, die nordische Parade der Gardetruppen im Wildgatterbezirk, die von der schwächeren und kümmerlicheren Linientruppe nach außen vermittelt wird. Nach dem Wasser zu alte stramme Burschen, die einen Schuß Sonne vertragen können. Von Zeit zu Zeit schräg wachsende Schäfte, die römische Fünfen bilden zwischen den römischen Einsen, Zweien, Dreien. Selbst im Schatten des Vordergrundes auf dem Vorfrühlingsbild von 1900 (es ist schwer, solche hinterweisende Baumschatten ganz immateriell zu malen) wahren sie ihren Stil. Die Kronen werden in der Perspektive zu einem wunderbaren Gehänge, das zwischen den Längsstreifen der Schäfte locker und leicht hinabzuschweben scheint, eine der größten Illusionen, die wir nachts in unseren Wäldern haben. Der Grunewaldkünstler behandelt sie mit der ganzen Delikatesse eines Textilgenies. Er webt zur angenehmen Abwechslung die schönen Licht- und Schattenflächen der Kastanien, fletschige Weidenstämme, biegsame Birken und er verbindet ihre Massen zu Silhouetten, die dem Bilde den formalen Charakter geben. Die Ecken der Wälder am Horizont, die sanften Rücken gegen das Wasser, die Zacken ihrer Wipfelreihen, scharf bei Nadeln, gewellter bei Laub, die Streifen, die sie durch Felder ziehen, links hinauf, rechts herunter, jenes innere Zickzackmotiv der Komposition, das in dekorativer Überlegung die parallele Natur zur kontrastreichen umformt, um sie atmen, sich bewegen, sich betasten zu lassen — das ist die Arabeske der Landschaft, die zu ihrer Seele wird, weil sie das Produkt unserer Seele ist. Ein Waldrücken fünf Schritte rechts aufgehend, dann nach diesem Auftakt in leichten Wellen rechts herunter bis in die Ferne, die das Einzelne zur Masse zusammenfaßt. Davor vier Wellenberge von Erde, bewegte pulsierende Flächen in unmerklichen Kontrasten, als begrenzte Felder, von einzelnen Baumgruppen geschieden, die als Vortrab des Waldes funktionieren. Der Wald oben in Sonne gebadet, und mitten zwischen den Feldern das Licht eines spiegelnden kleinen Sees, der eigentümlich bloß und nackt in diesen Kontrasten liegt. Man erinnert sich dieses Bildes auf der Sezessionsausstellung 1900; es war klein, aber scharf geschnitten wie ein Fenster aus gegebenen Tiffanystücken.

# KIND UND KUNST

Wie ist das eigentlich mit der neu erstandenen Kinderkunst? Seien wir einmal ehrlich. Das Kind ist das einzige Wesen unter all den Individuen, die man mit der neuen Kunst bedachte, welches sie nicht gewünscht hat. Die Kunst des Kindes ist viel ewiger und viel zeitloser, als diese kleinen Moden, die uns Erwachsene beschäftigen. Das Kind hat eine unermeßliche Phantasie, wenn es ein Messerbänkchen für eine Eisenbahn, einen Stuhl für einen Luftballon nimmt, ein Waschbecken für den Schlachtensee und zehn Stricknadeln für den Grunewald. Das Kind hat nicht den geringsten Stil nötig, um sich seine Illusionen schmackhaft zu machen. Es hat eine Kunst, die älter ist als Homer und länger dauern wird als die Märchen des Andersen und die Essais der Key. Es bekam diese neue Kunst aufgedrängt von den wankelmütigen und beschränkten Großen, die jetzt, nachdem sie die Stile der Vergangenheit auf ihrem Kunsttheater erledigt haben, anfangen die Stile des Lebens in derselben unterhaltenden Manier durchzuführen: den Stil des Reifen, der sich alte Kulturen zurückgewinnt, den Stil des jungen Mannes, der für frische Persönlichkeiten schwärmt, den des Mädchens, das für zarte und abgestimmte Harmonien eingenommen ist, und den des Kindes, das die Wirklichkeit unter einem breiten, fast plakatmäßig stilisierenden Schema und mit dem offensten Eingeständnis jeder Phantasieregung genießen soll! Unter diesen Stilen des Lebens ist der Kinderstil der freimütigste. Kaum kontrolliert vom Kinde selbst, schafft sich der Erwachsene in ihm eine Welt der Rückerinnerung, die nicht so sehr der Spiegel des Kindes, als vielmehr der Spiegel der Meinung über das Kind ist. In dieser Kunst schafft er sich eine Art praktischen Paradieses oder pädagogischen goldenen Zeitalters, das er selbst mehr braucht, als das Subjekt, dem er es einredet.

Man darf das nicht als einen Vorwurf verstehen, sondern nur als eine sehr interessante, ja wichtige Erscheinung. Wir lesen im „Jerusalem" der Selma Lagerlöf mit Entzücken, wie der Bauer Bo und die Schulmeisterstochter Gertrud im Heiligen Lande nach des Heilands Wunsch „zu Kindern werden" und sich einen Bezirk der Illusion schaffen, der sie wieder lebensfähig macht: so daß Gertrud, indem sie die Erzählung Bo's vom Brunnen des Paradieses für Wahrheit nimmt, ihr Fieber mit einem Schluck desselben gewöhnlichen Wassers stillt, das sie in nüchternem Zustande verschmähte.

Jetzt ist es für sie das Wasser des Paradieses. Jetzt ist für uns alle, indem wir neue Märchen erdichten, neue Spielzeuge schaffen, neue Kinderfriese zeichnen und mit Mackintosh aus den phantastischen Dachkammern Kinderstuben mit mysteriösen Balken und Beleuchtungskörpern im Stil der Telegraphenstangen bauen, die Möglichkeit gegeben, an der Wurzel der neuen Kunst unsere Einbildungskraft zu verkindlichen und mit dem Kinde in uns selbst paradiesisch zu spielen. Das ist ein Vorteil für die Großen und jedenfalls kein Nachteil für die Kleinen.

Man wird uns erlauben, unter diesem Gesichtspunkte alle die neuen Zeitschriften zu begrüßen, die als literarisches Produkt aus der weitverzweigten Kinderkunstbewegung hervorgegangen sind. Da gibt es Bilder mit Familienleben, Lithographien mit Sonntagskindern, Madonnen und Rübezahle, Brunnen und Schaukeln, Kinderzimmer und Engel, die aus Gießkannen regnen, Märchensilhouetten und Tierzeichnungen, rustikale Stickereien und Buchstabenbücher, Photographien, illustrierte Erzählungen und die famosen Spielzeugfiguren der Dresdener Werkstätten, aus denen sich die Arche Noah, die Schwarzwälder Mühle, ein Dorfidyll mitsamt Automobil, das Märchen von Hänsel und Gretel, ein ganzes Theaterstück zusammensetzen läßt. Wie reizende stilisierte Tiere haben diese Kinderkünstler geschaffen, wie nette Dampfschiffe und Segelboote und Rokokodamen. Das Plakat brachte einst die gesamte Wirklichkeit auf eine Reklamesprache, die die innersten industriellen Interessen der Dinge frech stilisierte. Dieses Spielzeug setzt seine Kunst fort. Er stilisiert die innersten spielerischen Eigenschaften der Dinge und trifft damit eine Karikatur auch der ernstesten Beschäftigungen, wie sie nur ein intelligenter Großer fertig bringt, der sich von dem Pathos des Lebens auf einige Kinderstunden erlösen will. Die Abbildungen aber werden gefüllt von den weisesten pädagogischen Aufsätzen, die dieses Pathos nicht überwinden dürfen, sollte ihr guter Zweck nicht in die Brüche gehn. Oder etwa spiegeln auch sie oft das Kind unfreiwillig im Autor? Doch davon will ich nichts sagen.

Ich möchte mit all diesen schönen Kindersachen spielen und mich in ihnen vergessen, um mich zu entdecken. Was der kleine Rudi neben mir dazu sagt, ist mir nicht gleichgültig. Ich brauche ihn ja, um durch ihn mir diese Kunst zu sanktionieren. Sollte er Gefallen daran finden, es wäre nur zu meinem Vergnügen. Darum verehre ich ihn, richte mich ganz nach seinen Orakeln und mache ihm ordentlich die Kur: wie die Inschrift lautet, die über dem modernsten Kinderbazar Europas, den Hallen des belgischen Seebades Westende zu lesen ist: O parents, soyez faibles envers les enfants!

Ach ja, ich möchte mit all diesen Sachen spielen. Da ist das große Kriegsschiff, es ist ein Japaner und geht gegen Port Arthur, das trotzig auf einem

Felsen liegt, mit Erbsenkanonaden vor. Dichte Soldatenkarrees stehen auf dem Lande. Von Zeit zu Zeit knallt eine Tischplatte, hebt sich dampfend hoch und die Soldaten fallen alle um, daneben sitzt ein Automat, der einen Künstler mit Samtjacke und Haarlocke vorstellt, und immer wenn die Tischplatte sich hebt, sagt er: „Das ist großer Stil". In Port Arthur selbst aber sind viele schöne Häuser, die von Puppen bevölkert sind. Da sieht man einen Mann, der etwas betrunken ist und immerfort auf seine Frau schimpft, weil sie ihm nicht gut ist. Dann zwei Leute, die sich an einem Brunnen entsetzlich verhauen, bis der eine hineinfällt und unten in einer Schublade wieder herausgezogen werden kann. Dann wieder einen Mann, der einer Frau immerfort nachläuft, aber sie drehen sich ununterbrochen im Kreise herum. Ein Dichter sitzt daneben und schreibt das alles auf, weil er ein Theaterstück daraus machen will. Dann sieht man das Rathaus mit einem prächtigen Saal, in dem die freie Gemeinde auf niedlichen, kleinen Ledersesseln eine Beratung pflegt. Da es nicht genug Puppen im Talar gibt, nimmt man einige denkende Pferde von einer Kanone weg und setzt sie daneben. Alle sitzen ganz still und denken über die Zukunft des Staates Lippe nach. Nebenan ist der Palast mit einem herrlichen, reichgeputzten König, der soeben von einem Segelboot abgestiegen ist und jetzt einen Mann im Gehrock empfängt, der ein Kunsthistoriker ist. Dieser hat am rechten Arm einen Draht, mit dem man ihn aufziehen kann. Damit zeigt er immerfort auf den Fries mit der Arche des Noah, der oben rings um das Zimmer läuft und den ganzen zoologischen Garten darstellt. Aber der König schüttelt mit dem Kopf und ist so böse auf den Kunsthistoriker, daß er den Saal verläßt. Vier Diener in Livree bücken sich hinter ihm, bis ihnen die kleinen Hosen platzen. Doch das macht nichts, Mama näht sie wieder und hängt sie fein an Bügeln auf, in dem großen sezessionistischen Schrank drüben in der Puppenstube, wo alle Schlipse, Stiefelböcke und Hemden mit festen Manschetten sauber geordnet sind. Es ist eine ganz moderne Puppenstube mit Miniaturmöbeln neuesten Stils, bürgerlichen Empiretapeten und Bildern von Schwind. Im Papierkorb liegt der Struwelpeter, auf dem Kanapeetisch die Neue Rundschau. Eine entzückende Versammlung modischer Puppen in den Kostümen aller Zeiten ist darin aufgestellt und wartet auf mich, da ich mit ihnen am liebsten spiele. Ich spiele „Kultur". Die Kavaliere müssen über das Parkett gleiten, die Damen graziös lächeln, ferne Zärtlichkeiten schweben von dem einen zum andern hinüber, einige sind von jener müden Zartheit, wie sie sich bei vornehmen Geschlechtern in den letzten Erben vorfindet, andere haben bewegte Gesten, in denen das „Leben" ist, einige zeigen die blasierte Linie der perversen Schamhaftigkeit von Prärafaeliten und die buntesten erinnern an die revolutionären romantischen Jünglinge, wie sie Theo Gautier schildert. Man kann sich tagelang mit ihnen amüsieren. Endlich aber schlägt die Stunde für Port Arthur, dessen Erbsen verschossen sind. Die Japaner erobern die Stadt und ziehen durch die Siegesallee bis Europa. In Europa ist ein großes Varietétheater, in dem die siegreichen Japaner jeden Abend als Seiltänzer und Akrobaten auftreten, die Lulu mit den durchbrochenen Strümpfen, Schigolch mit dem gelben Überrock, Rodrigo Quast mit den geschwollenen Muskeln und der Privatdozent Hilti mit dem großen Kalabreser — bis es Zeit zum Schlafengehen ist. Der Schutzmann kommt und steckt sie alle in die Pandorabüchse.

# AUF EINEN GESCHENKTEN BROCKHAUS

(Ein Intermezzo)

Bei mir oben im Regal stand ein alter von 1879, wo Wagner noch als böser Egoist bezeichnet ist und Kiautschau noch den Chinesen gehört. Ich freute mich kindisch, ihn mit der Zeit durch den neuen von 1901 ersetzen zu können. Der neue hat einen schönen und wirksamen Rücken und 17 schöne Rücken machen schon etwas aus in dem Bücherschrank eines jener Heuchler, die fortwährend über die Notwendigkeit der zeitgemäßen Buchausstattung schreiben und dabei dutzendweise ungebundene Exemplare, deren Herkunft keinem Uneingeweihten zweifelhaft ist, in die ersten Reihen ihrer Regale stellen.

Ich leugne es keinen Augenblick, daß ich das Konversationslexikon brauche. Wir sogenannten Gebildeten kennen wohl einige Dinge, die wir auf unseren Reisen bei Mensch und Stadt gesehen haben, aber wir besitzen zahllose blinde Flecke in unserm Arbeitsorgan, die der eine mehr, der andere weniger eingesteht. Ich habe nach keinem Buch so oft und zu so verschiedenen Gelegenheiten gegriffen wie nach diesem. Wenn meine Frau eine Augenkrankheit hatte, habe ich mich belehrt, wie dieses Instrument konstruiert ist und wo die Krankheit sitzt, dann war ich beruhigt. Wenn meine Mitarbeiter merkwürdige exotische Völkerstämme zitirten, habe ich sie mittels Brockhaus kontrolliert und dabei ein bißchen Geographie gereist, wie ich es sehr liebe, und ich war beruhigt. Wenn ich die verschiedenen Heinrichs und Ferdinands, die auf Thronen sitzen mußten, nicht mehr unterscheiden konnte, ließ ich sie hier Revue passieren, und ich war über ganze Dynastien vollkommen beruhigt. Ich habe sogar . . . . . . . . . Dinge nachgesehen, und war . . . . beruhigt. Man weiß so vieles nicht, Botanik und Politik ist man so schwach, Statistik ist so schön, Artikel daraus zu machen, zum Beispiel Geschichte der Ausstellungsbauten, Jahreszahlen kann man sich, wenn man auf gewisse geistige Vorzüge Anspruch erhebt, überhaupt niemals merken — da steht die große Enzyklopädie, die alles weiß, die alles Kluge von allen Menschen in wenige Bände zusammenpreßt, die es kaltlächelnd nach dem tückischen Alphabet ordnet, A bis Athelm, Athen bis Bisenz (glücklich wer einen Schlußnamen hat, der wird durch den Rücken fürchterlich berühmt), 17500 Seiten sind hier unsere Stütze durchs Leben, 1000 Tafeln, davon 140 bunte, mit 10000 Abbildungen, dazu 300 Karten und Pläne, — ich leugne es nicht, es ist ein Museum des Wissens von tadelloser Organisation.

Wenn ich es so durchblättere, finde ich es gar nicht so lexikonmäßig langweilig. Ich weiß nicht, ob auch andere Menschen ihre Stunden haben, wo sie sich aus den anstrengenden Büchern hinsehnen zu jenen Nachschlagewerken, die uns so angenehm unterhalten, ohne Schmöker zu sein, und so nützlich belehren, ohne die Stunde zu weit auszudehnen. Wie ich im Bädeker, oder im kleinen Meyerschen Sprachführer lese, so lese ich größeren Stils im Brockhaus. Die Willkür des Alphabets ist der Reiz der Abwechslung. Wie amüsant, wie sich aus dem A, dem ersten Buchstaben des Alphabets, der sich vielleicht bis zur hieratischen Schrift der Ägypter zurückverfolgen läßt, über Aea, a. a. Aach, allmählich Aachen entwickelt, dessen Regierungsbezirk in 11 Kreise zerfällt mit genau 4444 Israeliten. Wie behaglich, die sämtlichen Spezies der Affen, den Brüllaffen, Nachtaffen, Kapuziner und Satansaffen auf einer Tafel vergleichen zu können, und eine Seite weiter über die Affenmenschen zu lesen, die in ihrer Organisation bestimmte für die Affen typische Unvollkommenheiten besitzen. Wie elegant reist sich auf diesen niedlichen und vollkommenen Karten durch die Welt und wie schön ist es, Pläne von Antwerpen und Athen so neu stets bei sich zu haben; ich bin glücklich, endlich den Plan von Berlin mit Vororten neuesten Standes zu besitzen, den ich mir einzeln zu kaufen niemals gewagt habe. Ich kann euch nicht genug ans Herz legen: lest das Konversationslexikon eine Stunde lang hintereinander. Es ist fabelhaft, welche Anregung das gibt. Die Statistik der Analphabeten, das Wesen der Analyse, die Gattungen der Ananas, einige russische Orte, die mit Vorliebe auf Ana anfangen, und die ganze Geschichte des Anarchismus habt ihr in bunter Reihe, eine Kauserie des Geistes, wie sie die beste Monatsschrift nicht bietet. Lest das Lexikon hintereinander, es ist eine neue Sensation, an die selbst die Enzyklopädiker nicht dachten, die den ersten Band des ersten Brockhaus schon 1796 erscheinen ließen. Wissen und Humor, Hochgefühl und Bescheidenheit, alles erblüht euch. Auf die Entzifferung der Baucheingeweide und den Bergbau nehmt den herrlichen Artikel Berlin mit allen Anhängseln: dem Berliner Börsencourier (wo übrigens mein Vorgänger im Opernreferate merkwürdigerweise noch am Leben ist), dem Berliner Blau, dem Berliner Weißbier, dem Berliner Zimmer, der Berlin-Stettiner Eisenbahn und nicht zu vergessen jener ehrenwerten Marionette der Residenz, Berlinchen, der Stadt im Kreise Soldin, die 5736 meist evangelische Einwohner hat, ein Postamt zweiter Klasse, Getreide, Spiritus, bedeutenden Holzhandel, jährlich fünf Pferdemärkte und ansehnlichen Krebsversand.

Dagegen fehlt Besnard. Warum? Ich will nicht streiten, ob Bauchkrebse oder Besnard wichtiger ist, mindestens so wichtig wie die Bauchkrebse ist der große französische Maler entschieden. Man kann sagen: Bauchkrebse ist eine abgeschlossene Kultur,

Besnard steht noch mitten im Schaffen. Ich will mich fügen, aber dann verlange ich Gerechtigkeit. Bei Barbey d'Aurevilly genügt mir fürs Jahr 1901 nicht „Journalist und Romanschreiber, originelle Ausdrucksweise, rückhaltslos, paradox", und Barbey ist doch abgeschlossene Kultur. Doch es ist vielleicht gefährlich, auf literarischem Gebiet allzu tief zu sondieren. Der Brockhaus hat sich naturwissenschaftlich, staatswissenschaftlich und historisch entwickelt, die Kunst ist erst in der letzten Zeit etwas gleichberechtigter angesehen worden und es wird noch einige Jahre dauern, bis die Balance hergestellt ist. Ich glaube, es ist schon öfters darauf hingewiesen worden. Wie sehr man immerhin uns in liebenswürdigster Weise entgegenkommt, zeigen kleine Stichproben. Man denke, Avenarius ist drin, Bahr ist drin, Bierbaum ist drin, doch überall mit der Notiz: vgl. Band 17. So freuten wir uns indessen auf Band 17, wo die Orgien der modernen Kunst offenbar in der Chambre séparée gefeiert werden sollen. Lassen wir uns keine grauen Haare wachsen, wälzt das Lexikon ohn' Unterlaß vor allem, wenn ihr gute Bibliographie braucht, wälzt es zum Lernen, Prüfen und zur Vervollkommnung eures höheren Menschen, nur laßt euch nicht einfallen, einmal im Überschwang des Bildungsdurstes euch selbst zu suchen — sonst gehts euch wie mir, der ich unter „Bie" verzeichnet stehe als „berühmte Kaltwasserheilanstalt in dem schwedischen Län Södermanland."

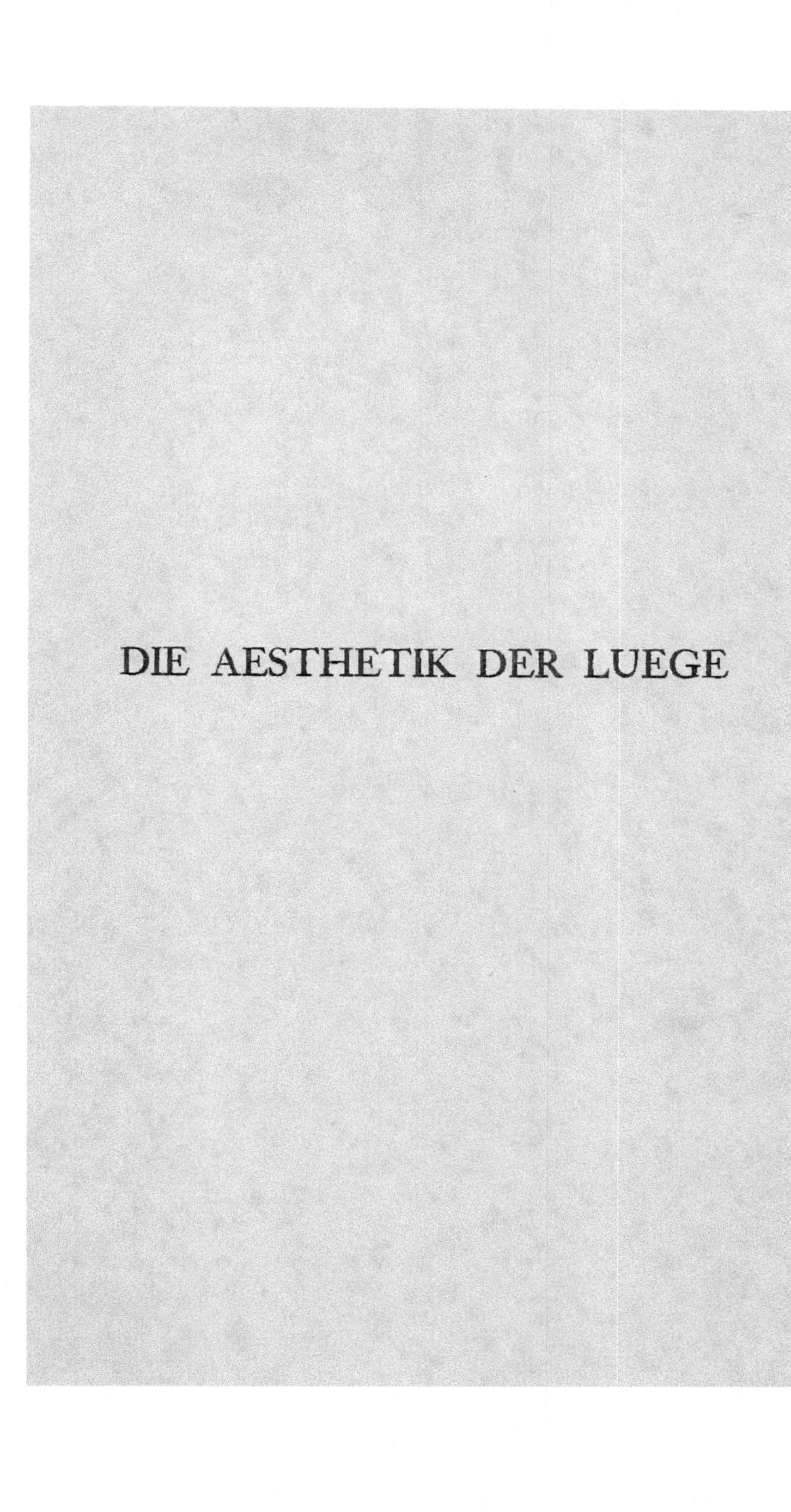

# DIE AESTHETIK DER LUEGE

Wildes „Intentions", die ich hiermit rezensiere, ist eines der lügenhaftesten Bücher, das je geschrieben wurde. Von einer so wunderbaren Lügenhaftigkeit, daß man darüber nicht schreiben dürfte. Man kann über eine medizinische oder kunsthistorische Forschung von Assistenten schreiben, aber die Kunst Mephistos nachredend zu empfehlen, ist grotesk. Man kann kaum erklären, wieso sie überhaupt vorhanden ist. Aus Eitelkeit? Aus einer der kleinsten Schwächen, die dieser größte Cyniker auslachen müßte? Aus Kunst? Sie steht ihm hoch genug, höher als das Leben und die Natur, aber über ihr steht die Kritik, gegen die sie ein ärmlicher Kinderglaube ist. Aus Kritik? Dann ist sie ihm nicht gelungen. Denn eine Wildesche Kritik ist widerspruchsvoll und selbstzersetzend, hier aber wird eine ständige Wahrheit gepredigt: die Wahrheit der Lüge. Eine so einfache und gewöhnlich paradoxe Wahrheit.

Die Wahrheit der Lüge offenbart die Kunst. Die Kunst steht über der Natur. Natur ist roh und unbequem, primitiv und langweilig. Die Kunst verfeinert sie und bringt ihren Willen erst heraus. Die Wahrheit der Natur muß untergehen, damit die Lüge der Kunst strahlen kann. Nachahmende Kunst, Armeleutekunst, Wirklichkeitskunst ist niedrig, sie bewundert viel zu sehr die Natur. Je ferner sie wird, je unwirklicher, kentaurenhafter, orientalischer, musikalischer, desto höher steht sie. Sie wächst der Natur und dem Leben dann so über den Kopf, daß diese bewundernd zu ihr aufschauen. Hamlet erfand die Weltanschauung, die Schopenhauer analysierte. Der Nihilist, der an den Pfahl geht ohne Inbrunst und für etwas stirbt, an das er nicht glaubt, wurde von Turgenjeff erfunden, von Dostojewski vollendet, vom Leben nachgeahmt. Das neunzehnte Jahrhundert, wie wir es kennen, ist zum größten Teil eine Erfindung Balzacs. Es gibt mehr als einen Menschen, der sein Leben lebt, wie er es in einem sympathischen Romane vorgezeichnet findet. Die Impressionisten erfanden die nächtigen Schatten und die silbernen Nebel, die wir seitdem in unseren Straßen sehn. Die Kunst schafft neu, die Natur langweilt mit ihren Wiederholungen. Wer begeistert sich noch für einen normalen Sonnenuntergang? Sonnenuntergänge sind ganz aus der Mode. Sie gehören einer Zeit an, da Turner noch tonangebend war. Sie bewundern heißt, aus der Provinz sein. Und doch bestehen sie weiter. Gestern Abend wollte Mrs. Arundel durchaus, daß ich ans Fenster träte, um den „wundervollen Abendhimmel“ zu betrachten. Sie ist eine jener beschränkten, aber hübschen Frauen, denen man nichts verweigern kann. Es war nichts weiter als ein minderwertiger Turner, ein Turner aus seiner schlechten Zeit mit seinen schlimmsten Fehlern. Es gibt bei Onkel Toms Hütte eine Stelle mit Birken, die ein miserabel gezeichneter Worpsweder ist. Es ist eine Hartnäckigkeit in der Natur, die der Maler ewig verbessern muß. Viel störender, als in der Kunst.

Und wenn schon die Natur eine törichte Kinderei ist, so ist auch die bessere Kunst eine nicht allzu wichtige Sache. Sie scheint nur darum das Leben verfeinern zu wollen, damit sie den kritischen Geist bildet, der unsere höchste Weltanschauung wird. Wenn der Mensch handelt, ist er eine Puppe. Wenn er schildert, ist er ein Dichter. Wenn er kritisiert, ist er ein Gott. Es war so leicht, auf den sandigen Ebenen des sturmreichen Ilion den holzgeschnitzten Pfeil von dem bemalten Bogen zu schnellen; es war so leicht für Klytämnestra, tyrische Teppiche vor ihrem Herrn zu breiten, und da er im Marmorbade lag, ihm das purpurne Netz über das Haupt zu werfen. Aber schwerer war es für Homer und Äschylus, über diese Dinge zu schreiben und ihnen Wirklichkeit und ewiges Leben zu geben. Doch wiederum nichts ist ihre Kunst gegen zwei Seiten Oscar Wildes, in denen dieser in einer spielenden Herrschaft des Geistes, des Stils, der Phantasie, der Zeit und des Raums die achäische Vergangenheit uns wie lose Blumen aufschüttet.

Die Kritik ist der Triumph der Kunst. Sie ist schöpferisch und unabhängig. Sie kann sich an allem entzünden, am Guten und Schlechten, in Logik und Unlogik — sie ist nichts als das Leben der eignen Seele. Sie ist im höchsten Sinne keine Analyse, kein Urteil mehr, sie ist Genußfähigkeit, Begeisterungsfähigkeit an allem, was die Kunst ihr vorgearbeitet hat. Mit den Dichtern und Malern geht sie durch Welten spazieren, nach Laune, in selbstgemessener Zeit, sie lebt wahrhaft in dem Reiche, das die Natur nicht einmal ahnen, das die Kunst wenigstens anbauen konnte. Ein elendes Drama kann ihre Ekstasen auslösen, ein gutes Bild kann ihre Rede wecken, die gewaltiger und königlicher ist als alle Malerei. Sie ist beweglich, entwicklungsfähig, stets neu und frisch, ein Abbild des inneren Zustandes. Das Tannhäuservorspiel erweckt bald die Ritter auf blumigen Wiesen und die Stimme der Venus, bald redet es vom eigenen Leben oder vom Leben derer, die ich liebte und die zu lieben ich müde ward, bald erfüllt es uns mit jenem Amour de l'Impossible, der in unstillbarer Sehnsucht uns dem Ende entgegenführt, bald ist es unser Arzt, stillt den Schmerz, heilt die Wunden und gibt der Seele den griechischen Einklang mit dem All. Erst in unserer Hand wird das arme Werk des Künstlers reiches Erlebnis. Er arbeitet für unser Glück.

Doch nicht für das letzte Glück. Reden ist schwerer als Tun. Genießen schwerer als Reden.

Aber jetzt will ich dir sagen: daß nichts zu tun das schwierigste ist, das schwierigste und geistigste. Nichts zu tun lebt der Erlesene. Handeln ist begrenzt und unabhängig. Unbegrenzt und unabhängig ist, was der schaut, der in Behaglichkeit sitzt, der sinnt, der einsam wandelt und träumt.

Warum schreibt man diese Dinge hin? Aus Eitelkeit? Ja, aus Eitelkeit — denn sie ist die einzige positive Tugend, die die Welt uns erhält, damit wir sie genießen können. Aus Kunst? Auch aus Kunst, denn wir stehen über denen, die das Leben machen, indem wir über sie reden, schön und interessant reden und ihre Unordnung und Unruhe in das Gleichgewicht der Form bringen, die alle Kunst bedeutet. Aus Kritik? Auch aus Kritik, denn was ist unser sprachliches Kunstwerk, wenn wir es nicht selbst zu genießen verstehen, den eigenen Leib kosen und streicheln, den Hymnus auf die Lüge als Illusion begreifen und lügend Lügen preisen? Wir Eitlen!

Der Geist, das gefährlichste aller schön geschliffenen und verzierten Schwerter, spielt mit der Geschichte. Die Disputation geht im Dialog, sie schwankt zwischen Überzeugung und Überdruß, der Geist liegt auf zwei balancierenden Schalen; selbst wenn er essayistisch verpackt ist, wird er aufgepackt und in Stücken aufgewogen. Zwei richtige Essays stehen zwischen den Dialogen über den Verfall der Lüge und die Kritik als Kunst. In dem einen lügt Wilde, als ob er ein historisches

Porträt zeichnete. Er zeichnet eigene Erlebnisse, nein, eigene Selbstlügen, Phantasmagorien der Seele. Wainewright ist Kunstkritiker, Dichter, Maler, Antiquar und Mörder. Er lebte dann und wann. Er gehört in die Reihe der Fromentin, Pater, Goncourt, Browning, Meredith, Wilde. Er war gut eingerichtet und bunt umstellt von griechischen Tonvasen mit Knabenliebesinschriften, Delphischen Sibyllen, Giorgioneschen Hirten, Florentiner Majoliken, vergoldeten Stundenbüchern, ägyptischen Ungetümen, Kruzifixen, Onyxalexandern und Turners liber studiorum. Er schreibt sehr schön über Rembrandt und macht aus Bildern gute Prosa. Er schätzt: eigens für ihn gedruckte Bücher, einen Vorsprung in der Natur mit reicher Aussicht, den Schatten dichter Bäume und den Genuß der Einsamkeit, wenn man das Gefühl hat, daß Menschen in der Nähe sind, aber nur in der Nähe. Er trägt kostbare Ringe, die seine weißen Hände hervorheben, und in diesen kleine Kristalle der indischen nux vomica, ein schwer zu entdeckendes Gift. De Quincey behauptet, er hätte mehr gemordet als man weiß. Zuerst vergiftete er den Onkel, um ein Haus zu bekommen. Im nächsten Jahr Schwiegermutter und Schwägerin. Die Schwägerin war schön. Einen besonderen Grund weiß man nicht, angeblich wegen 18000 Pfund. Er hat sie in Rötel gezeichnet, im Stil von Lawrence, mit sehr schönem Haar. Später im Gefängnis sagte er: ja, es war eine entsetzliche Tat, aber sie hatte zu dicke Knöchel.

Daß jemand ein Giftmischer ist, fügt Wilde hinzu, sagt nichts gegen seine Prosa.

Der zweite Essay hat als Überschrift: die Wahrheit der Masken. Der Redakteur, der ihn bekam, führte mit dem Autor die Leser an. Sie dachten eine Abhandlung zu lesen, in der ein fleißiger Kenner Shakespeares seine Notizen über die Bedeutung der Maske, des Kostüms, der Dekoration bei diesem Dichter in flüssiger und gewandter Sprache zusammenstellt und dabei die Ausstattungspracht verteidigt, mit der ja nur in England Shakespearesche Dramen gegeben zu werden pflegen. Wilde tut gelehrt, ja sehr gut — er schildert Shakespeare als genauesten Kenner historischer Einzelheiten und als Muster archäologischer Quellenkunde. Er beweist, daß alles bei ihm von den Masken abhängt, daß seine Leute ohne seine Kleider null wären. Man kann von Shakespeare sagen, heißt es, er sei der erste gewesen, der den dramatischen Wert von Wämsern erkannte und gesehen hat, daß eine Peripetie von einem Reifrock abhängen könne. Es ist die Philosophie des Desdemona-Taschentuchs. Er tut Shakespeare diesen Gefallen. Aber ein Gentleman sollte nicht aus der Rolle springen. Er sagt an verschiedenen Stellen Dinge, die einfach richtig sind und in ihrer überzeugenden Einfalt sich unter diesem Karneval elisabethanischer Kostüme recht lächerlich ausnehmen. Und man fühlt öfters die triviale Wahrheit, daß er in der Tat nach dem Beispiel kontinentaler Kritiker übermorgen ebenso schön das Gegenteil beweisen könnte. Das Schlimmste ist der offne Schluß: „Nicht alles, was ich gesagt habe, ist meine wahre Meinung. Vieles verurteile ich geradezu. Der Aufsatz vertritt nur einen künstlerischen Standpunkt, und in der ästhetischen Kritik kommt alles auf den Standpunkt an." Wenn diese Demaskierung mitten in einer Reise um die Kunst nicht entschieden unfair wäre, könnte man versucht sein, sie für die entzückendste aller Lügen zu halten.

# Reprint Publishing

*Für Menschen, die auf Originale stehen.*

Bei diesem Buch handelt es sich um einen Faksimile-Nachdruck der Originalausgabe. Unter einem Faksimile versteht man die mit einem Original in Größe und Ausführung genau übereinstimmende Nachbildung als fotografische oder gescannte Reproduktion.

Faksimile-Ausgaben eröffnen uns die Möglichkeit, in die Bibliothek der geschichtlichen, kulturellen und wissenschaftlichen Vergangenheit der Menschheit einzutreten und neu zu entdecken.

Die Bücher der Faksimile-Edition können Gebrauchsspuren, Anmerkungen, Marginalien und andere Randbemerkungen aufweisen sowie fehlerhafte Seiten, die im Originalband enthalten sind. Diese Spuren der Vergangenheit verweisen auf die historische Reise, die das Buch zurückgelegt hat.

ISBN 978-3-95940-125-8

Faksimile-Nachdruck der Originalausgabe


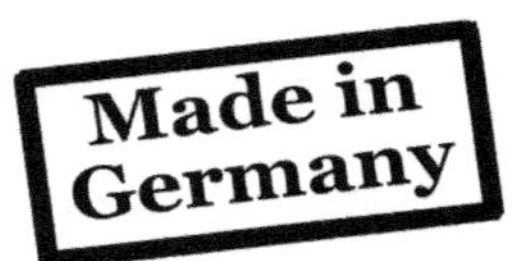


www.reprintpublishing.com

www.ingramcontent.com/pod-product-compliance
Lightning Source LLC
LaVergne TN
LVHW020655110826
845149LV00012B/2015